职业院校汽车专业任务驱动教学法创新教材

汽车维护与保养

一体化教材

主　编◎周建江　宁　斌　林方龙

副主编◎李振榕　李聆娜　陆明伟

参　编◎杨新豪　张建豫　王　健　陈赛赛

　　　　李斌傲　曹付锦　刘马利　谢嘉恒

电子工业出版社

Publishing House of Electronics Industry

北京·BEIJING

内 容 简 介

本书以培养学生从事汽车维护与保养的专业技能为核心，以工作过程为导向，以任务为载体，详细介绍了认识汽车维护与保养、整车举升水平位置维护与保养、整车举升中位维护与保养、整车举升高位维护与保养、整车降落水平位置维护与保养、终检（出厂前检查）六大内容。本书按照岗位实际工作任务的顺序来编写，以汽车被举升的位置来划分项目，每个项目由若干任务组成，每个任务由任务引入、相关知识、任务实施等部分组成。

本书可作为职业院校汽车类专业的教学用书，也可供有关技术人员参考、学习、培训使用。

图书在版编目（CIP）数据

汽车维护与保养一体化教材 / 周建江，宁斌，林方龙主编. -- 北京 : 电子工业出版社，2024. 7. -- ISBN 978-7-121-48457-5

Ⅰ. U472

中国国家版本馆 CIP 数据核字第 20244BF908 号

责任编辑：张镨丹
印　　刷：三河市君旺印务有限公司
装　　订：三河市君旺印务有限公司
出版发行：电子工业出版社
　　　　　北京市海淀区万寿路 173 信箱　　　邮编　100036
开　　本：880×1230　　1/16　　印张：9.75　　字数：213 千字
版　　次：2024 年 7 月第 1 版
印　　次：2024 年 7 月第 1 次印刷
定　　价：30.00 元

凡所购买电子工业出版社图书有缺损问题，请向购买书店调换。若书店售缺，请与本社发行部联系，联系及邮购电话：（010）88254888，88258888。

质量投诉请发邮件至 zlts@phei.com.cn，盗版侵权举报请发邮件至 dbqq@phei.com.cn。

本书咨询联系方式：（010）88254549，zhangpd@phei.com.cn。

前 言

汽车维护与保养是汽车养护的典型内容之一，是汽车维修人员的典型工作任务，是汽车维修技术技能人才必须掌握的技能，也是职业院校汽车类专业的一门专业课程。

本书以工作过程为导向，以任务为载体，以训练学生的操作技能为目标，采用项目教学的方式组织内容。本书按照岗位实际工作任务的顺序来编写，以汽车被举升的位置来划分项目，每个项目由若干任务组成，每个任务由任务引入、相关知识、任务实施等部分组成。任务引入部分引出完成该任务所需要的理论知识和技能；相关知识部分详细介绍完成该任务所必需的知识与技能；任务实施部分介绍进行汽车维护与保养时的操作方法，同时融入课程思政元素。另外，在相关知识和任务实施两个部分增加了一些小栏目，如"读一读""注意"等。本书为一体化教材，学生在完成专业技能操作后，可以巩固相应的理论知识。书中引入技能考核及综合技能训练，技能考核采用随堂考核的方式，将"教""学""做""考""评"巧妙地融为一体，既检验了学生掌握专业技能的水平，又能体现教师的教学水平。

本书在课程教学目标中增加了思政目标，教师可在课前或进行综合技能训练时组织学生观看传统文化、大国工匠等相关视频，培养学生对专业技能精益求精的工匠精神，培育和践行社会主义核心价值观，培养遵纪守法的良好品德，实现专业课与思政课同向同行。

由于编者的能力和水平有限，书中难免存在不足之处，敬请广大读者提出宝贵意见，在此深表感谢。

编 者

CONTENTS

目 录

认识汽车维护与保养

项目描述

　　赵先生最近买了一辆吉利博瑞新车，提车时 4S 店的售后服务人员告诉他，车辆在 6 个月内或者行驶 5000km 后来店做首次维护与保养，然后打开《维护与保养手册》告诉赵先生首次维护与保养项目，随后介绍了行驶 20000km 及行驶 40000km 的维护与保养项目。赵先生听后问 4S 店的售后服务人员，首次、行驶 20000km 及行驶 40000km 维护与保养有很多项目是重复的，需要每次都做吗？本项目主要介绍车辆首次、行驶 20000km 及行驶 40000km 维护与保养项目。

任务 汽车维护与保养项目

 知识目标

1. 能说出我国汽车维护制度和目的。
2. 能说出汽车维护的类别、各类维护的周期及主要项目。
3. 能说出汽车维护工作的安全知识。

 能力目标

1. 能按要求佩戴安全防护用品。
2. 能按照汽车维护的周期确定维护的主要项目。

 思政目标

1. 通过学习与汽车维护相关的法律法规，培养遵纪守法、讲诚信的职业素养。
2. 通过小组合作学习，培养爱岗敬业、团结互助的价值观。

任务引入

汽车讲究的是"七分养，三分修"，即汽车只有按要求进行定期维护与保养，尽早发现问题、解决问题，才可达到以养代修的目的，实现安全、经济、无故障行车，尽可能地延长汽车的使用寿命。由于汽车维护的周期不同，维护与保养的项目相差较大，因此维护的成本也有较大的差别。本任务主要介绍汽车维护的类别、汽车各类维护的周期及中心内容。

相关知识

汽车主要由发动机、变速器、底盘、车身和电气设备等组成，机械零部件在所有汽车零部件中占 80% 以上。在使用过程中，汽车的机械零部件需要定期进行维护与保养，才能及时发现问题、解决问题，这样才可达到以养代修，少中修、大修，乃至终身不大修的目的，延长汽车的使用寿命，降低汽车的使用成本。

一、汽车维护制度、目的和必要性

1．汽车维护制度

汽车在运行过程中，由于受摩擦、振动、冲击及自然环境等各种因素的影响，各机械零部件会产生不同程度的松动、变形、磨损、腐蚀、老化和损伤。随着行驶里程的增加，汽车的技术状况逐渐变差，故障率上升，导致动力性、经济性和安全可靠性下降，甚至出现机械事故或交通事故。为此，我国建立了一套以"预防为主、强制维护、视情修理"为原则的汽车维护制度。

汽车维护制度是为了保证汽车技术状况完好而采取的技术管理措施，是贯彻安全第一、预防为主的方针，保障汽车运行安全的基本制度。汽车维护应以贯彻预防为主，执行强制维护的原则，保持车容整洁，及时发现和消除故障、隐患，防止汽车早期磨损。它涉及汽车的运行制度、运行条件、维修技术装备、维修作业的劳动组织、维修费用及其他一些经营管理方面的工作。

2．汽车维护的目的

汽车由大量的零部件构成，随着汽车的使用，其会因受到磨损、腐蚀或老化而降低性能。汽车维护的目的是保持车容整洁、汽车技术状况完好，从而消除汽车存在的安全隐患，预防故障发生，有效减缓劣化过程，进而延长汽车零部件的使用周期，达到下列要求。

① 汽车具有良好的技术状况，随时可以出车。

② 在合理使用的条件下，不因中途损坏而停车，不因机械零部件故障而影响行车安全。

③ 在运行过程中，降低燃油、润滑材料、配件和轮胎的损耗。

④ 各部分总成的技术状况尽量保持均衡，以延长汽车大修的间隔里程。

⑤ 降低汽车噪声和减少污染物排放。

3．汽车维护的必要性

（1）汽车维护是汽车的健康诊断。

汽车在使用过程中，各个部分不可避免地会发生磨损、劣化，在这种状态下继续使用会导致汽车性能降低、发生故障。因此，必须进行定期检查、必要的维修和更换必要的零部件，以延长汽车的使用寿命。

（2）定期补充或更换油液。

为了使发动机、变速器、离合器、制动系统、蓄电池等正常工作，油液（油脂类用品，如机油等；液类用品，如制动液、蓄电池电解液、冷却液等）是非常重要的。这些油液具有润滑、冷却、防锈等作用，其在使用过程中会逐渐减少、变脏，这是造成汽车零部件工

作性能降低和发生故障（烧蚀、工作不良）的主要原因。

（3）定期检查保养、更换新橡胶皮带。

汽车中使用了大量皮带，如风扇皮带、正时皮带、动力转向传动皮带等，这些皮带都是由橡胶制作而成的。橡胶具有柔软性，但长时间使用易老化。橡胶皮带如果使用时间过久，就会出现裂痕（龟裂）甚至断裂，造成发动机破损、方向盘（转向盘）变重。针对这些潜在故障，对橡胶皮带等进行定期的检查保养或更换是非常重要的。

另外，制动软管、散热软管等也是由橡胶制作而成的，出现劣化等现象是不可避免的。特别是制动软管，仅凭外观可能无法判定其好坏，必须定期检查或更换。

（4）定期保养磨耗（磨损）零部件。

汽车的制动衬片、轮胎等零部件会随着其发挥作用而不断被磨耗，因此这些零部件有一定的使用限度（磨耗限度），并不是可以永久使用的。超磨耗限度使用不仅会发生故障，还会造成事故。因此，对它们进行定期检查、适时更换是必要的。

二、汽车维护的类别和周期

1．汽车维护的类别

汽车维护即平时所说的汽车保养。汽车维护按维护方式分为事后维护和预防维护；按维修的深度和广度分为日常维护、一级维护、二级维护。

1）日常维护

日常维护是驾驶员每天出车前、行车中和收车后针对汽车使用情况所做的保养，是以清洁、补给和安全性能检视为中心内容的维护作业。日常维护的主要内容为汽车维护前的预检，发动机舱内各种油液液位检查，轮胎、轮圈和轮盘检查，车灯检查，洗涤器（喷洗器）和刮水器检查，驻车制动器（手刹）和行车制动器检查，方向盘和喇叭检查等。

汽车在日常使用中，汽车驾驶员可依据汽车的行驶里程或时间来实施日常维护。一般在长距离行驶前、洗车时或加油时可以进行日常维护作业。其具体维护项目如下。

（1）汽车维护前的预检。

汽车维护前的预检是日常维护的准备工作，主要包括为车轮安装挡块、拉起驻车制动器和完成驾驶室内的准备工作。

（2）发动机舱内各种油液液位检查。

在汽车行驶过程中，发动机舱内的各种油液是汽车和发动机运转所必需的。发动机舱内各种油液液位检查主要包括发动机冷却液液位检查、发动机机油液位检查、制动液液位检查、清洁液液位检查和蓄电池电解液液位检查。

（3）轮胎、轮圈和轮盘检查。

轮胎是汽车的重要部件之一，关系到汽车的安全运行。轮胎检查主要包括轮胎气压检查，轮胎龟裂、损伤检查，有无金属嵌入物及其他异物检查，轮胎花纹的深度检查，异常磨损检查。

（4）车灯检查。

车灯作为汽车的重要构成部分和车身外形的装饰物，其最基本的作用是保证行车安全，因此必须保证车灯齐全、有效。车灯检查主要包括汽车照明系车灯检查、汽车信号系车灯检查、警告灯检查。

（5）洗涤器和刮水器检查。

洗涤器是为了清除挡风玻璃上的雨水或灰尘而设置的，刮水器是为了保证在雨天、雪天和有雾的天气条件下，汽车驾驶员有良好的视线，确保行车安全。

（6）驻车制动器和行车制动传动机构检查。

驻车制动器与行车制动传动机构是保障行车安全的重要部件之一，其技术状况的好坏直接影响到行车及停车安全。

（7）方向盘和喇叭检查。

方向盘是转向系统的重要部件之一，喇叭是汽车安全设备，其技术状况的好坏直接影响到行车安全。

2）一级维护

一级维护一般在汽车行驶到1500～2000km时进行。一级维护是指除日常维护作业外，以润滑、紧固为作业中心内容，并检查有关制动、操纵等系统中的安全部件的维护作业。其具体维护项目如下。

（1）底盘检查（螺栓、螺母紧固情况）。

（2）制动系统（制动器摩擦片、制动盘、制动分泵，以及有关制动、操纵等系统中的安全部件）检查。

（3）全车油液检查（机油、变速器油、制动液、冷却液、清洁液等有无渗漏）。

（4）灯光检查（转向灯、制动灯、倒车灯、前照灯）。

（5）轮胎气压检查（轮胎气压检测及调整）。

（6）车辆电脑检测（利用专用电脑检查，读取车身及发动机数据，查看有无异常）。

3）二级维护

二级维护是指除一级维护作业外，以检查、调整制动系统、转向系统、悬架等在使用过程中容易磨损或变形的安全部件，并拆检轮胎，进行轮胎换位，检查调整发动机工作状况和汽车排放相关系统等为主的维护作业。其具体维护项目如下。

（1）执行一级维护的全部内容。

（2）检测发动机的气缸压力，调整气门间隙。

（3）检查转向助力油罐的油面及各油管接口。

（4）检查并调整连杆轴承的磨损情况及间隙。

（5）检查并紧固发动机前后支架螺栓。

（6）检查并调整制动系统。

（7）检查并调整转向系统。

（8）检查并调整悬架。

（9）拆检轮胎，进行轮胎换位。

（10）检查并调整发动机的工作状况。

2．汽车各类维护的周期

汽车维护周期是指进行同级维护之间的间隔里程（或时间）。

汽车维护必须遵照道路运政管理机构或汽车制造厂提供的《车辆使用手册》中规定的行驶里程或间隔时间强制执行。各级维护项目和周期的规定必须根据汽车的结构性能、使用条件、故障规律、配件质量等情况综合考虑。

例如，某汽车集团的维护项目和周期规定如下。

（1）日常维护与保养。

在日常使用中，可依据汽车的行驶里程、时间及汽车行驶时的状态来确定实施日常维护与保养的适当时间，由车主自行实施。

（2）定期维护与保养。

汽车每行驶5000km或每隔6个月需要进行定期维护与保养。

该汽车集团规定的定期维护与保养项目和维护时间如表1-1所示，维护时间是以6个月行驶约5000km的轿车（私家车）为对象进行设定的。当行驶条件较恶劣时，需比这个期限更早地进行维护与保养。

表1-1　该汽车集团规定的定期维护与保养项目和维护时间

定期维护与保养项目		5000km 或6个月	10000km 或12个月	15000km 或18个月	20000km 或24个月	25000km 或30个月	40000km 或48个月
发动机基本部件	正时皮带						
	气门间隙						
	传动皮带	√			√		√
	机油	√	√	√	√	√	√
	机油滤清器	√	√		√		√
	冷却和加热系统						√

续表

定期维护与保养项目		5000km 或6个月	10000km 或12个月	15000km 或18个月	20000km 或24个月	25000km 或30个月	40000km 或48个月
	发动机冷却液	√					√
	排气管和装配件				√		√
	变换器冷却液	√					
点火系统	火花塞				√		√
	蓄电池	√	√		√		√
燃油和排气控制系统	燃油滤清器						
	空气滤清器	√	√		√		√
	油箱盖、燃油管、接头和燃油蒸气控制阀						√
	活性炭罐						√
底盘和车身	离合器踏板	√					√
	制动踏板和驻车制动器	√	√		√		√
	制动器摩擦片和制动鼓				√		√
	制动摩擦衬片和制动盘		√		√		√
	制动液	√	√		√		√
	离合器液	√	√		√		√
	制动管路和制动软管	√			√		√
	动力转向液	√	√		√		√
	方向盘、连杆和转向器	√	√		√		√
	传动轴套				√		√
	手动变速器油						√
	自动变速器油						√
	混合动力传动桥液						√
	前后悬挂装置	√	√		√		√
	轮胎	√	√		√		√
	灯光、喇叭、刮水器、洗涤器	√	√		√		√
	空调滤清器				√		√
	空调冷却剂	√			√		√

　　例如，某品牌汽车的维护周期及维护与保养项目是以 6 个月行驶约 5000km 的汽车为对象进行设定的，维护周期为 5000km 或 6 个月、10000km 或 12 个月、15000km 或 18 个月、20000km 或 24 个月、25000km 或 30 个月、……、100000km 或 120 个月。其中，在 40000km 或 48 个月和 80000km 或 96 个月时进行的维护与保养项目最多，也最全面。

三、汽车维护的安全知识

1．汽车维护的环境要求

（1）切勿在阻碍行人或阻碍交通的地方进行检查。若不仔细确认周围环境的安全性，则容易发生意外事故。

（2）请不要在倾斜的地方进行检查，以免因汽车滑动而造成意外事故。并且，在检查油液液位时，也无法得到正确的测量结果。

（3）请在驻车制动后，车轮停止转动时进行检查。若驻车制动不完全或在车轮没有停止转动时就进行检查，会因汽车滑动而造成意外事故。

（4）汽车上的千斤顶仅在更换轮胎或安装轮胎链条时使用，请勿在维护与保养时使用。在抬起汽车时，请使用合适的举升设备，切实地固定汽车。对车体上较为锋利的端部等进行操作时，为了不使手受伤，请使用保护手套。

2．发动机舱内的检查

（1）切勿在发动机处于运转状态时进行检查。若在发动机运转时，用手接触皮带或冷却风扇等的旋转部位，则会被卷入受伤，引发意外事故。除此之外，若接触到火花塞和高压线等电气系统部件，则会发生触电事故，十分危险。

（2）切勿在点火开关接通或发动机启动状态下进行检查。另外，即使冷却风扇已停止，但在冷却液温度很高的情况下，仍可能会再次自动启动，进而导致伤害。

（3）发动机停机后不久，切勿接触排气管、散热器等高温部位，以免烫伤。

（4）切勿在发动机舱内放置物品，特别是纸、布等易燃物品。若放置后忘记取走，则可能会起火，十分危险。

3．汽车维护的注意事项

在对汽车进行维护时，由于工具及环境复杂，一不小心就会对身体造成伤害，因此在工作时应注意以下安全事项。

（1）在车底工作时应佩戴安全帽及防护眼镜。

（2）工作区地面不得有油、水等液体，以免工作时滑倒受伤。

（3）使头、手或其他物品远离发动机的运转部件和叶片，以确保安全。

（4）维修人员工作时不应佩戴饰物，以免造成短路和事故。在工作时，不应该穿拖鞋，留长发的维修人员应采取相关措施，避免长发影响操作。

（5）不要将锋利的工具放在衣服里，以免刺伤自己或损坏汽车油漆、配件，也不要放在汽车座椅上，以免刺伤他人或刺穿汽车座椅。

（6）发动机冷却液温度高时，禁止直接打开散热器盖，以免被热水喷射烫伤。

（7）使用压缩空气时，不要将压缩空气对着自己或别人，也不要对着地面、设备、汽车乱吹，以免对身体造成伤害。

任务实施

1．写出汽车日常维护的主要维护与保养项目。

2．写出汽车一级维护的主要维护与保养项目。

素养与思政

本任务要求分组训练，了解与汽车维护相关的法律法规，各小组对所学的理论知识进行巩固学习。在学习过程中，充分发挥相互合作、团结互助的精神，全程实现 7S 现场管理。

在 2008 年 8 月北京举办的奥运会上，给我们留下印象最深的比赛是中国女排对美国女排的那一战。在那场万众瞩目的比赛中，一开始，中国队凭借队员们精湛的球技，先拿下两局，遥遥领先美国队。尽管中国女排拥有强大的实力，但在关键时刻未能发挥出最佳水平，导致最终比赛失利。在接下来的比赛中，中国队及时做了调整，加强了队友间的合作，最终战胜了意大利队，赢得铜牌。在通向成功的道路上，团体合作精神发挥着举足轻重的作用。

拓展练习

一、选择题

1．一级维护通常在汽车行驶到（　　　）km 时进行。

A．1500～2000　　　　　　　B．1000～1500　　　　　　　C．500～1000

2．交通运输部发布的《机动车维修管理规定》中规定汽车和危险货物运输车辆二级维护质量保证期为（　　　）。

A．车辆行驶 5000km 或 30 日

B．车辆行驶 4000km 或 30 日

C．车辆行驶 6000km 或 30 日

3．二级维护作业规范中规定首先要对车辆进行（　　　）。

A．维护　　　　　　　　　　B．检测　　　　　　　　　　C．清洁

4．在进行汽车维护时，使维修人员了解正确的维护程序的资料是（　　　）。

A．新车特征书　　　　　　　B．车主手册　　　　　　　　C．维修手册

二、判断题

1．汽车每行驶 5000km 或每隔 6 个月需要进行定期维护与保养。 （ ）

2．在车底工作时可以不用佩戴安全帽及防护眼镜。 （ ）

3．日常维护是驾驶员每天出车前、行车中和收车后针对汽车使用情况所做的保养。

（ ）

4．汽车维护制度是为了保证汽车技术状况完好而采取的维修措施。 （ ）

三、问答题

简述汽车维护的重要性。

项目二

整车举升水平位置维护与保养

项目描述

刘老师买了一辆丰田新车，6 个月后接到 4S 店售后服务人员的电话，通知他车辆需要维护与保养了，于是开车去 4S 店进行维护与保养，将车停到保养工位后就见维修人员开始检查，检查速度很快，检查的项目也很多，但不怎么看得懂。本项目主要介绍在车辆没有离开地面前所做的维护与保养项目及检查方法。

任务一 室内检查

知识目标

1. 能说出车灯的作用及检查方法。
2. 能说出制动器的检查方法。
3. 能说出方向盘的检查方法。

能力目标

1. 能按标准流程检查车灯。
2. 能按标准流程检查车辆的制动器与方向盘。

思政目标

1. 通过对整车举升水平位置维护与保养知识的学习，培养学生精益求精的工匠精神。
2. 通过小组合作学习，培养学生爱岗敬业、团结互助的价值观。

任务引入

汽车的维护与保养项目有一百多项，汽车进入保养工位后，维修人员根据工作过程中工作任务的内容及便利程度，对维护与保养项目进行拆分，以便提高工作效率，本任务主要介绍车辆未举升之前的维护与保养项目及方法。

相关知识

一、车灯检查

（一）车灯的种类与作用

车灯是指汽车上的灯具，是汽车夜间行驶在道路上用于照明的工具，也是发出各种汽车行驶信号的提示工具。车灯作为汽车的重要构成部分和车身外形的装饰部分，其最基本的作用是保证行车安全。因此，必须保证各车灯齐全、有效。车灯按用途可分为以下几种。

1. 汽车照明系车灯

汽车照明系车灯的作用是提供夜间行驶照明、标示车辆宽度等，使驾驶员了解周围环

境及确保行车安全。有些照明系车灯用于内部照明，如顶灯。

2．汽车信号系车灯

汽车信号系车灯的作用是向环境（如行人、车辆等）发出警告、示意信号（如转向信号、制动信号等）和报警等。

3．警告灯

警告灯的作用是当系统存在故障，需要进行补足或更换时，该灯就变亮或闪烁，以提示驾驶员，保证安全驾驶。警告灯的颜色根据紧急或重要程度分为红色和黄色。

（二）车灯检查的方法和技术要求

1．汽车照明系车灯检查的方法和技术要求

1）示宽灯、尾灯和仪表灯检查的方法和技术要求

当点火开关处于"ON"位置或发动机处于运转状态时，将汽车组合开关上的灯光控制开关旋动一挡后，示宽灯、尾灯和仪表灯应点亮。

① 示宽灯俗称"小灯"，用于标示车辆宽度和长度，便于夜间安全会车。示宽灯的灯光在夜间距离 100m 以外应能看清楚。

② 尾灯用于在夜间行车时，使后方车辆及行人知道该车的存在，以便保持车距。一般安装在汽车牌照上方，兼作牌照灯。尾灯的灯光为红色，其亮度标准为在夜间距离 300m 以外应能看清。

③ 仪表灯用于夜间照亮汽车上的仪表盘，使驾驶员能看清仪表盘上的指示值。其装在驾驶室内的仪表板上，一般为 2～5 只不等。

示宽灯、尾灯的安装位置如图 2-1 所示。

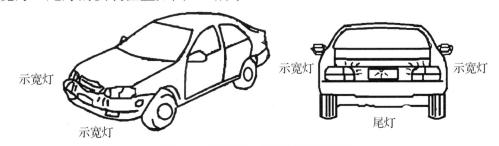

图 2-1　示宽灯、尾灯的安装位置

2）前照灯检查的方法和技术要求

（1）点亮前照灯。

当点火开关处于"ON"位置或发动机处于运转状态时，将汽车组合开关上的灯光控制开关旋动两挡后，前照灯应点亮。若变光器开关处于中间位置，则为近光灯打开，同时仪表盘上的近光指示灯点亮；若变光器开关处于下端位置，则为远光灯打开，同时仪表盘上的远光指示灯点亮。

（2）检查远光灯和近光灯的切换情况。

在前照灯处于近光或远光状态时，将变光器开关向下或向上推，检查远光灯和近光灯的切换情况。

（3）检查前照灯闪光器和指示灯的工作情况。

在前照灯处于关闭状态时，将变光器开关向上推到上端位置，前照灯闪光器打开，前照灯和指示灯应正常亮或闪烁。松开变光器开关后，变光器开关应自动落下，关闭前照灯和指示灯。前照灯闪光器和指示灯用于超车提示。

前照灯用于夜间行车照明道路，其灯光为白色，分为近光灯和远光灯，可以通过变光器开关切换近光灯和远光灯。当远光灯打开时，应保证汽车前方150m以内的路面上有明亮而均匀的照明，并且仪表盘上的远光指示灯也会点亮，示意远光灯处于打开状态。前照灯的安装位置如图2-2所示。

图2-2 前照灯的安装位置

3）雾灯和雾灯指示灯检查的方法和技术要求

（1）当点火开关处于"ON"位置或发动机处于运转状态时，先将汽车组合开关上的灯光控制开关旋动一挡，再将雾灯开关旋动一挡，前雾灯和前雾灯指示灯应点亮。

（2）再将雾灯开关旋动一挡，后雾灯和后雾灯指示灯应点亮。

（3）将雾灯开关旋回"OFF"位置，雾灯和雾灯指示灯熄灭。

雾灯可以提高在有雾、大雪、暴雨或尘埃弥漫情况下驾车时的能见度，并能保证使对面来车及时发现，以采取措施安全会车。目前，雾灯通常采用黄色配光或黄色灯泡。雾灯射出的光线倾斜度大，能照亮前方30m内的区域。雾灯的安装位置如图2-3所示。

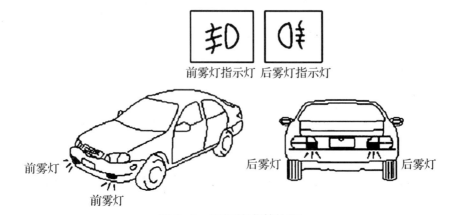

图2-3 雾灯的安装位置

4）顶灯检查的方法和技术要求

将顶灯开关置于"ON"位置，顶灯点亮；将顶灯开关置于"OFF"位置，顶灯熄灭；将顶灯开关置于"DOOR"位置，打开任意一扇车门，顶灯点亮；当所有车门都关闭后，顶灯延时熄灭。

顶灯供驾驶室和车厢内部照明使用，通常安装在汽车驾驶室内和客车车厢的顶部，功率一般为5W。顶灯开关和顶灯的安装位置如图2-4所示。

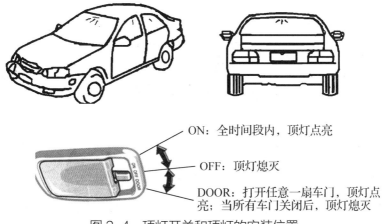

ON：全时间段内，顶灯点亮

OFF：顶灯熄灭

DOOR：打开任意一扇车门，顶灯点亮；当所有车门关闭后，顶灯熄灭

图2-4　顶灯开关和顶灯的安装位置

2. 汽车信号系车灯检查的方法和技术要求

1）转向灯和转向指示灯检查的方法和技术要求

（1）检查左、右转向灯和转向指示灯的点亮情况。

当点火开关处于"ON"位置或发动机处于运转状态时，将汽车组合开关上的转向灯开关向后推到左转向位置，左转向灯和左转向指示灯正常闪烁（闪烁频率为60~120次/分钟）；当转向灯开关回到中间位置后，左转向灯和左转向指示灯熄灭。将汽车组合开关上的转向灯开关向前打到右转向位置，右转向灯和右转向指示灯正常闪烁（闪烁频率为60~120次/分钟）；当转向灯开关回到中间位置后，右转向灯和右转向指示灯熄灭。转向灯的安装位置如图2-5所示。

转向灯是在汽车起步、转向、变换车道、停止时向环境（如人、车辆等）发出示意信号的灯具。其光色为黄色，以60~120次/分钟的频率闪烁，以引起前后车辆及行人的注意，一般在白天距离100m以内应能看清。在打开左转向灯或右转向灯时，仪表盘上相同方向的转向指示灯也以同样的频率闪烁提示驾驶员。

（2）检查转向灯开关的自回功能。

当点火开关处于"ON"位置或发动机处于运转状态时，将汽车组合开关上的转向灯开关向后推到左转向位置，左转向灯和左转向指示灯正常闪烁后，先逆时针（左转）转动方向盘约90°，再把方向盘转回原位，此时转向灯开关应能自动回到中间位置。转向灯开

汽车维护与保养 一体化教材

关如图 2-6 所示。

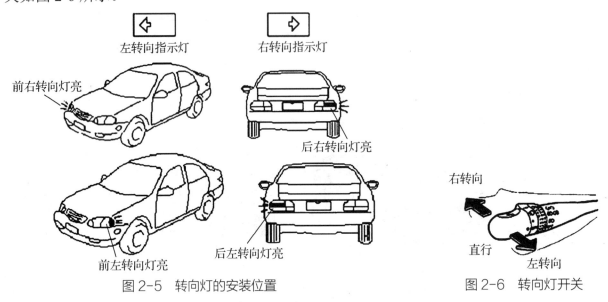

图 2-5　转向灯的安装位置　　　　图 2-6　转向灯开关

当点火开关处于"ON"位置或发动机处于运转状态时，将汽车组合开关上的转向灯开关向前推到右转向位置，右转向灯和右转向指示灯正常闪烁后，先顺时针（右转）转动方向盘约 90°，再把方向盘转回原位，此时转向灯开关应能自动回到中间位置。

2）制动灯检查的方法和技术要求

无论点火开关是打开状态还是关闭状态，踩下制动踏板后，制动灯都点亮，抬起制动踏板，制动灯都熄灭。

制动灯也叫作刹车灯，制动灯开关和制动灯的安装位置如图 2-7 所示。制动灯装在汽车尾部，是车辆重要的外在安全标志，以警告后方车辆或行人保持安全距离，其光色为红色。正常情况下，制动灯亮时，车后相距 100m 处的其他车辆应看得清制动灯灯光。

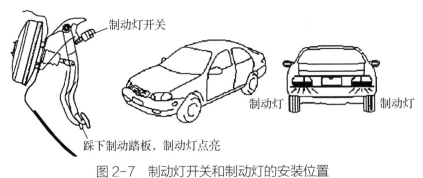

图 2-7　制动灯开关和制动灯的安装位置

3）危险警告灯和危险警告指示灯检查的方法和技术要求

无论点火开关是打开状态还是关闭状态，按一次危险警告灯开关，危险警告灯和危险警告指示灯都闪烁（闪烁频率为 60～120 次/分钟），再按一次危险警告灯开关，危险警告灯和危险警告指示灯熄灭。

危险警告灯开关和危险警告灯的安装位置如图 2-8 所示，危险警告灯是为了在遇到紧急情况时做出警示而设置的一种车灯，只在特殊情况下使用，如车辆在行驶途中因抛锚而无法继续行驶或送病人到医院急救等。危险警告灯打开时，所有转向灯以 60～120 次/分钟的频率闪烁，仪表盘上的危险警告指示灯也以同样的频率闪烁提示驾驶员。

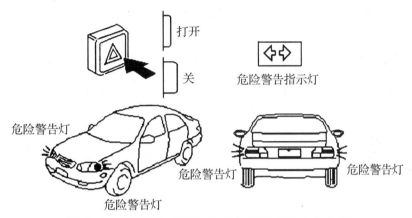

图 2-8　危险警告灯开关和危险警告灯的安装位置

4）倒车灯检查的方法和技术要求

当点火开关处于"ON"位置时，将换挡杆挂入倒挡后，倒车灯点亮；将换挡杆退出倒挡后，倒车灯熄灭。

倒车灯用于汽车倒车时，警告其他车辆的驾驶员和行人注意。

倒车灯安装在汽车尾部，照射光线的主轴向下，可以照亮车后 1.5m 以内的道路。倒车灯的光色为白色，由变速器控制，在变速器处于倒挡位置时点亮，并发出警报音，以提示车后的行人及来车。倒挡和倒挡灯的安装位置如图 2-9 所示。

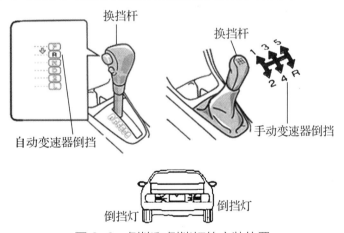

图 2-9　倒挡和倒挡灯的安装位置

3. 汽车警告灯检查的方法和技术要求

当汽车系统内存在故障和油液需要进行补足或更换，仪表盘上的警告灯就会变亮或闪烁，以提示驾驶员。各种警告灯的图案如图 2-10 所示。

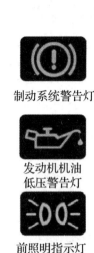

制动系统警告灯　安全带提示灯　放电警告灯　发动机故障指示灯　低燃油液位警告灯

发动机机油低压警告灯　防抱死系统（ABS）警告灯　安全气囊故障（SRS）警告灯　前雾灯指示灯　后雾灯指示灯

前照明指示灯　远光指示灯　水温指示灯　车门指示灯　牵引力控制系统（TCS）

胎压指示灯　转向指示灯　清洁液指示灯　行李舱指示灯　后窗加热指示灯

图 2-10　各种警告灯的图案

（1）当点火开关转到"ON"位置，发动机处于不运转状态时，仪表盘上各警告灯的点亮情况。

① 制动系统警告灯。当驻车制动器被拉起时，它就会点亮；当制动液液位降低时，它也会点亮；当放下驻车制动器时，它就会熄灭。

② 安全带提示灯。当安全带没有系好时，它就会点亮；当安全带已经系好时，它就会熄灭。

③ 放电警告灯点亮。

④ 发动机故障指示灯点亮。

⑤ 低燃油液位警告灯点亮。

⑥ 发动机机油低压警告灯点亮。

⑦ 防抱死系统（ABS）警告灯点亮。

⑧ 车门指示灯。当任何一扇车门未关闭时，它就会点亮；当所有车门关闭时，它就会熄灭。

⑨ 安全气囊故障（SRS）警告灯点亮。

（2）当点火开关转到"ON"位置，发动机处于运转状态时，仪表盘上各警告灯的点亮情况。

① 放电警告灯。正常情况下，它自动熄灭；当充电系统存在故障或不充电时，它就会点亮。

② 发动机故障指示灯。正常情况下，它自动熄灭；当发动机控制系统或变速器等控制系统存在故障时，它就会点亮。

③ 低燃油液位警告灯。正常情况下，它自动熄灭；当油箱中的燃油快用完时，它就会点亮。

④ 发动机机油低压警告灯。在发动机运转过程中，如果发动机机油的压力降低（机油液位降低），它就会点亮。

⑤ 防抱死系统警告灯。在发动机运转过程中，当防抱死系统存在故障时，它就会点亮。

⑥ 车门指示灯。当有车门未关时，它就会点亮。

⑦ 安全气囊系统警告灯。在发动机运转过程中，当安全气囊系统存在故障时，它就会点亮或闪烁。

（3）发动机启动后，下列警告灯熄灭。

① 放电警告灯。

② 发动机故障指示灯。

③ 低燃油液位警告灯。

④ 发动机机油低压警告灯。

⑤ 防抱死系统警告灯。

⑥ 安全气囊系统警告灯。

二、洗涤器和刮水器检查

（一）洗涤器和刮水器检查的作用

洗涤器是为了清除挡风玻璃上的雨水或灰尘而设置的，在挡风玻璃处于干燥的状态下，使用刮水器会刮伤挡风玻璃。为了防止刮伤挡风玻璃，需使用洗涤器喷洒清洁液后与刮水器协同工作。洗涤器工作不正常会影响驾驶员视野。刮水器是为了保证在雨天、雪天和有雾的天气驾驶员有良好的视线，确保行车安全。如果刮水器有故障会影响雨天、雪天和有雾天气下驾驶员的视线，危及行车安全。因此，需对洗涤器和刮水器进行日常检查和定期检查。

（二）洗涤器和刮水器检查的工作内容

1. 洗涤器检查的工作内容

（1）检查洗涤器喷洒的清洁液是否集中在刮水器的工作范围内。

（2）检查洗涤器中清洁液的喷洒压力是否足够。

（3）检查喷洗联动刮水功能。

2. 刮水器检查的工作内容

（1）检查刮水器的工作性能是否正常。

（2）检查刮水片的停止位置是否准确。

汽车维护与保养 一体化教材

（3）检查刮水器的刮拭效果是否良好。

（三）洗涤器检查的方法和技术要求

（1）检查洗涤器喷洒的清洁液是否集中在刮水器的工作范围内。

洗涤器工作时，通过挡风玻璃前的 1～2 个洗涤喷嘴将清洁液喷洒到挡风玻璃上刮水器的工作范围内，洗涤器的喷洒状态如图 2-11 所示。然后刮水器协同工作，如图 2-12 所示。如果喷洒的清洁液不在挡风玻璃上刮水器的工作范围内，会造成刮水器在挡风玻璃干燥的状态下工作，刮伤挡风玻璃。

图 2-11　洗涤器的喷洒状态

图 2-12　刮水器协同工作

（2）检查洗涤器中清洁液的喷洒压力是否足够。

洗涤器中的洗涤泵是由永磁直流电动机和离心叶片泵组成的。洗涤器工作时，洗涤泵将清洁液以一定的压力喷出。一般喷洒压力为 70～90kPa。如果喷洒压力不足，会造成清洁液不能集中在刮水器的工作范围内。

（3）检查喷洗联动刮水功能。

为了达到良好的清洁效果，车辆通常具有喷洗联动刮水功能。洗涤器工作时，洗涤泵先将清洁液以一定的压力喷洒到挡风玻璃上，然后刮水器会自动刮拭 3～5 次。

（四）刮水器检查的方法和技术要求

（1）检查刮水器的工作性能是否正常。

汽车广泛采用电动刮水器，其由微型直流电动机驱动，通过联动机构使挡风玻璃外表面的 1 个或 2 个刮水片来回刮拭，以扫除挡风玻璃上的雨水、雪或灰尘。在实际使用中，可根据雨量、雪量的情况设置不同的刮水器性能。刮水器有 4 种刮水方式：一次刮拭、间歇刮拭、慢速（Lo）、快速（Hi）。刮水器的工作性能必须正常。

（2）检查刮水片的停止位置是否准确。

汽车刮水器中通常装有自动复位装置。当刮水器停止工作时，为了不影响驾驶员的视线，刮水片应能够自动回到挡风玻璃的下部。因此，当刮水器关闭时，刮水片应自动停在其停止位置上，即挡风玻璃的下部。

（3）检查刮水器的刮拭效果是否良好。

刮水器工作是利用挡风玻璃外表面的 1 个或 2 个刮水片来回刮拭来实现的，刮水片的老化、变形、损坏等会影响刮水器的刮拭效果。刮水器的刮拭效果不良如图 2-13 所示。

图 2-13 刮水器的刮拭效果不良

三、方向盘和喇叭检查

（一）方向盘和喇叭检查的作用

方向盘是转向系统的重要部件之一，汽车的转向是由驾驶员操纵方向盘，通过转向器和一系列的杆件传递到转向车轮而实现的。因此，汽车转向系统的零件都称为保安件。《机动车运行安全技术条件》（GB 7258—2017）规定，机动车的方向盘（或方向把）应转动灵活，无卡滞现象。如果方向盘的自由行程过大或有松动、摆动，则会造成转向不灵敏，影响汽车的行驶安全。因此，需对方向盘进行日常维护与保养和定期维护与保养。

喇叭是车辆安全设备，作用是向环境（如行人、车辆等）发出警告、示意信号，提示其他车辆的驾驶员和行人注意。《机动车运行安全技术条件》规定，机动车（手扶拖拉机运输机组除外）应设置具有连续发声功能的喇叭。喇叭的工作应可靠，如果喇叭有故障，则会造成开车不方便。因此，需对喇叭进行日常维护与保养和定期维护与保养。

（二）方向盘和喇叭检查的工作内容

（1）方向盘检查。

① 检查方向盘的自由行程；② 检查方向盘有无松动和摆动；③ 检查方向盘的锁定功能是否正常。

（2）喇叭检查。

① 检查喇叭是否发声；② 检查喇叭的音量和音调是否稳定。

（三）方向盘和喇叭检查的方法和技术要求

1．方向盘检查

（1）检查方向盘的自由行程。

方向盘自由行程的检查如图 2-14（a）所示，在配备动力转向系统的汽车上，启动发动机，使汽车笔直朝向前方。轻轻转动方向盘，在车轮就要开始移动时，使用一把直尺测量方向盘的自由行程（移动量）。

（2）检查方向盘有无松动和摆动。

方向盘有无松动和摆动的检查如图 2-14（b）所示。两手握住方向盘，轴向地、垂直地或者向两侧移动方向盘，确保其没有松动和摆动。

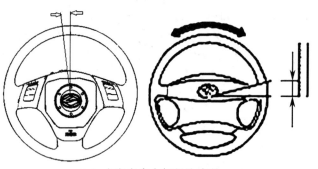

（a）方向盘自由行程的检查　　　　　（b）方向盘有无松动和摆动的检查

图 2-14　方向盘检查

（3）检查方向盘的锁定功能是否正常。

将点火开关转动到"ACC"位置，保持方向盘不锁定和可自由移动，此时取出汽车钥匙，方向盘应被锁定。

2．喇叭检查

（1）检查喇叭是否发声。

用于按压喇叭按键，喇叭应该发出声音。

（2）检查喇叭的音量和音调是否稳定。

用手按压喇叭按键的边缘或中心位置，喇叭发出的声音和音量应该是一样的。

喇叭检查如图 2-15 所示。

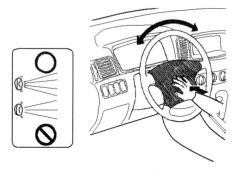

图 2-15　喇叭检查

四、驻车制动器和行车制动传动机构检查

（一）驻车制动器检查

1．驻车制动器检查的工作内容

（1）检查驻车制动器的行程。

（2）检查驻车制动指示灯。

2．驻车制动器检查的方法和技术要求

（1）检查驻车制动器的行程。

① 当驻车制动器的行程过长时，驻车制动效能降低。

② 当驻车制动器的行程过短时，有可能使驻车制动器拖滞，即驻车制动器处于部分接合状态。驻车制动器的行程如图 2-16 所示。

检查时，用一定的力拉起驻车制动手柄，棘轮会发出"咔咔"声，通过棘轮的齿声数来检查驻车制动器的行程是否合适，参考值为 5～9 个齿声数。若齿声数少，则驻车制动器不易释放；若齿声数多，则驻车制动器易拉不紧。

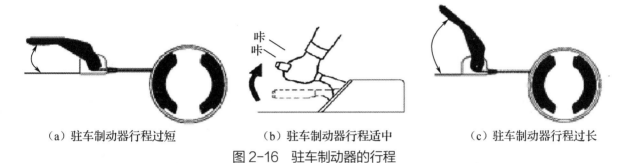

（a）驻车制动器行程过短　　　（b）驻车制动器行程适中　　　（c）驻车制动器行程过长

图 2-16　驻车制动器的行程

（2）检查驻车制动指示灯。

当驻车制动器被拉起时，仪表盘上的驻车制动指示灯就会点亮，提示驻车制动器已被设定，直至将驻车制动器释放。驾驶员在驾驶之前，须确认驻车制动器充分释放及驻车制动指示灯熄灭。驻车制动指示灯如图 2-17 所示。

图 2-17　驻车制动指示灯

（二）行车制动传动机构检查

1. 行车制动传动机构检查的工作内容

（1）检查制动踏板的工作状况。

（2）检查制动踏板的行程。

（3）检查制动助力器的功能。

2. 行车制动传动机构检查的方法和技术要求

（1）检查制动踏板的工作状况。

制动踏板是制动系统操纵机构的重要构件，其工作状况直接影响到行车制动器的操纵

效果，如果制动踏板的工作状况不好，则可能会导致意外事故的发生。检查制动踏板工作状况的主要内容包括制动踏板的反应灵敏度是否正常，制动踏板是否可以完全踩下，制动踏板是否存在异常噪声、过度松动等情况。检查制动踏板如图2-18所示。

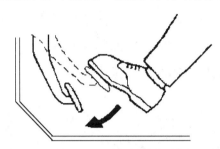

图2-18　检查制动踏板

（2）检查制动踏板的行程。

为了获得合适的制动力，需要正确的制动踏板行程。制动踏板的行程要符合原厂规定。检查制动踏板行程的主要内容包括制动踏板的高度、制动踏板的自由行程、制动踏板的行程余量等是否合适，如图2-19所示。

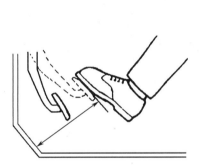

（a）检查制动踏板的高度　　（b）检查制动踏板的自由行程　　（c）检查制动踏板的行程余量

图2-19　检查制动踏板的行程

（3）检查制动助力器的功能。

目前，轿车大多采用真空助力式制动系统，利用发动机进气管形成的真空产生的力（或利用真空泵）与驾驶员施加于制动踏板上的力一起来推动主缸活塞移动，从而产生制动效果。制动助力器可以减轻制动时驾驶员需要施加于制动踏板上的力，增加车轮制动力，达到操纵轻便、制动可靠的目的。

制动助力器的功能检查包括工作情况检查、气密性检查、真空压力检查等。

① 检查制动助力器的工作情况。

在不启动发动机和启动发动机两种状态下检查制动助力器的工作情况。

在不启动发动机状态下，发动机进气管没有形成真空，制动助力器不起作用。

在启动发动机状态下，发动机进气管形成真空，制动助力器起作用。

检查制动助力器的工作情况如图2-20所示。

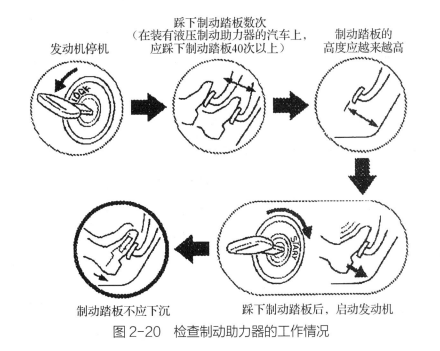

图 2-20　检查制动助力器的工作情况

② 气密性检查。

先启动发动机，使发动机进气管形成真空，待制动助力器中产生真空后停止发动机，检查制动助力器中的真空状态是否保持不变，恒压室和变压室是否密封，空气阀是否允许空气流入。第一次踩下制动踏板时，制动踏板大幅下降，但第二次、第三次踩下制动踏板后，制动踏板的位置逐渐上升，如果是这样，则表示制动助力器气密性良好，如图 2-21 所示。

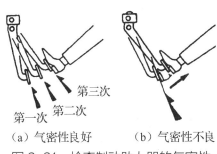

图 2-21　检查制动助力器的气密性

③ 真空检查。

先启动发动机，使发动机进气管形成真空，当制动助力器工作时，使制动助力器室中有真空压力后停止发动机，检查制动踏板的高度是否有变化，若无变化，则说明制动助力器室中的真空压力无泄漏，如图 2-22 所示。

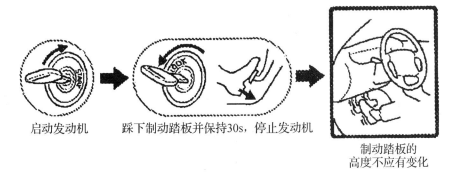

图 2-22　检查制动助力器的真空压力

五、离合器检查

（一）离合器检查的作用

离合器是发动机与变速器之间的传动机构，其接合或分离可以执行或中断发动机与传动系统之间的动力传递，可保证汽车平稳起步，防止传动系统过载。《机动车运行安全技术条件》规定，机动车的离合器应接合平稳，分离彻底，工作时不应有异响、抖动或不正常打滑等现象。如果离合器踏板的工作状况不好、离合器踏板的工作行程不合适，则会影响汽车的正常运行。因此，需对离合器进行日常维护与保养和定期维护与保养。

（二）离合器检查的工作内容

（1）检查离合器踏板的工作状况。

检查离合器踏板是否回弹无力，是否存在异常噪声、过度松动现象，是否存在阻滞感。

（2）检查离合器踏板的工作行程。

检查离合器踏板的高度和工作行程。

（3）检查离合器的分离点。

（三）离合器检查的方法和技术要求

（1）检查离合器踏板的工作状况。

汽车行驶时，驾驶员通过操纵离合器踏板来控制离合器的接合或分离，从而可以接通或中断发动机与传动系统之间的动力传递。离合器踏板的工作状况必须良好，不允许出现离合器踏板回弹无力、有异常噪声、过度松动、有阻滞感等现象。检查离合器踏板的工作状况如图 2-23 所示。

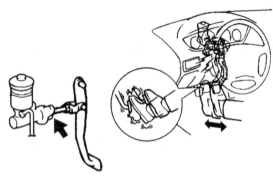

图 2-23 检查离合器踏板的工作状况

（2）检查离合器踏板的工作行程。

合适的离合器踏板工作行程对离合器的正常工作是必要的。离合器踏板的工作行程不合适会造成离合器打滑或分离不彻底，进而影响汽车的正常行驶。离合器踏板的工作行程应符合整车技术条件的有关规定。检查离合器踏板的工作行程如图 2-24 所示。

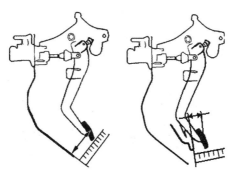

图 2-24　检查离合器踏板的工作行程

（3）检查离合器的分离点。

离合器的分离点是判定离合器分离情况的重要依据，如图 2-25 所示。

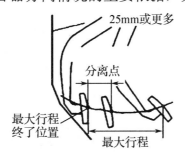

图 2-25　检查离合器的分离点

任务实施

一、车灯检查

按照表 2-1 中的技术要求检查车灯。

表 2-1　车灯检查工作表

序号	检查部位	检查项目	技术要求	检查结果
1	照明系车灯	检查示宽灯、牌照灯、尾灯和仪表灯	将汽车组合开关上的灯光控制开关旋动一挡后，示宽灯、牌照灯、尾灯和仪表灯应正常点亮	
		检查前照灯（近光灯）和近光指示灯	当汽车组合开关上的灯光控制开关旋动两挡后，若变光器开关处于中间位置，则前照灯（近光灯）和近光指示灯应正常点亮	
		检查前照灯（远光灯）和远光指示灯	当汽车组合开关上的灯光控制开关旋动两挡后，若变光器开关处于下端位置，则前照灯（远光灯）和远光指示灯应正常点亮	
		检查前照灯闪光器和指示灯	将变光器开关向上推到上端位置，前照灯闪光器和指示灯应正常点亮或闪烁	

续表

序号	检查部位	检查项目	技术要求	检查结果
2	信号系车灯	检查雾灯和雾灯指示灯	当点火开关处于"ON"位置或发动机处于运转状态时,先将汽车组合开关上的灯光控制开关旋动一挡,再将雾灯开关旋动一挡或两挡,前雾灯和前雾灯指示灯、后雾灯和后雾灯指示灯应相应点亮	
		检查顶灯	当顶灯开关处于"ON"位置时,顶灯点亮。 当顶灯开关处于"OFF"位置时,顶灯熄灭。 当顶灯开关处于"DOOR"位置时,打开任意一扇车门,顶灯点亮;当所有车门都关闭后,顶灯熄灭	
		检查转向灯和转向指示灯	将汽车组合开关上的转向灯开关向前或向后推至右转向或左转向位置,相应的转向灯和转向指示灯正常闪烁,闪烁频率为60~120次/分钟	
		检查转向灯开关的自回功能	转向灯开关应能自动回到中间位置	
		检查制动灯	踩下制动踏板后,制动灯点亮	
		检查危险警告灯和危险警告指示灯	按下危险警告灯开关后,危险警告灯和危险警告指示灯点亮	
		检查倒车灯	当点火开关处于"ON"位置时,将换挡杆挂入倒挡后,倒车灯正常发亮	
3	警告灯	检查警告灯	将点火开关置于"ON"位置时,制动系统警告灯(驻车制动器被拉起)、安全带提示灯、放电警告灯、发动机故障指示灯、低燃油液位警告灯、发动机机油低压警告灯、防抱死系统警告灯、车门指示灯(任意一扇车门打开)、安全气囊系统警告灯应点亮。 发动机启动后,放电警告灯、发动机故障指示灯、低燃油液位警告灯、发动机机油低压警告灯、防抱死系统警告灯、安全气囊系统警告灯熄灭	

二、洗涤器和刮水器检查

按照表 2-2 中的技术要求检查洗涤器和刮水器。

表 2-2 洗涤器和刮水器检查工作表

序号	检查部位	检查项目	技术要求	检查结果
1	洗涤器	检查清洁液的喷洒压力、喷洒范围	洗涤器中清洁液的喷洒压力应足够大,洗涤器喷洒的清洁液应集中在刮水器的工作范围内	
		检查喷洗联动刮水功能	在洗涤器喷洒清洁液时,刮水器应可以协同工作	

续表

序号	检查部位	检查项目	技术要求	检查结果
2	刮水器	检查刮水器的工作情况（一次刮拭）	刮水器能分别在一次刮拭、慢速、快速、间歇刮拭方式下正常工作	
		检查刮水器的工作情况（慢速）		
		检查刮水器的工作情况（快速）		
		检查刮水器的工作情况（间歇刮拭）		
		检查刮水片的停止位置	刮水器开关关闭后，刮水片应自动停在其停止位置（挡风玻璃下方）	
		检查刮水器的刮拭效果	刮水器刮拭后，挡风玻璃上不能出现条纹式的刮水痕迹等	

三、方向盘和喇叭检查

按照表 2-3 中的技术要求检查方向盘和喇叭。

表 2-3　方向盘和喇叭检查工作表

检查部位	检查项目	技术要求	检查结果
方向盘和喇叭	检查方向盘的自由行程	自由行程在规定范围内	
	检查方向盘有无松动和摆动	方向盘无松动和摆动	
	检查方向盘的锁定功能	拔出汽车钥匙后，方向盘锁定	
	检查喇叭	能发声且声音可调	

四、驻车制动器与行车制动传动机构检查

按照表 2-4 中的技术要求检查驻车制动器与行车制动传动机构。

表 2-4　驻车制动器与行车制动传动机构检查工作表

序号	检查部位	检查项目	技术要求	检查结果
1	驻车制动器	检查驻车制动器的行程	符合原厂规定，当驻车制动器被200N的拉力拉起时，棘轮齿声数的参考值为5～9个	
		检查驻车制动指示灯	驻车制动指示灯应灵敏、有效。当驻车制动器被拉起一个槽口时，驻车制动指示灯点亮；当驻车制动器被释放后，驻车制动指示灯应熄灭	

汽车维护与保养 一体化教材

续表

序号	检查部位	检查项目	技术要求	检查结果
2	行车制动传动机构	检查制动踏板的工作状况（反应灵敏度）	在发动机处于停机状态时，连续踩压几下制动踏板后，制动踏板的响应性应良好（反应灵敏度高）	
		检查制动踏板的工作状况（完全踩下）	在发动机处于停机状态时，制动踏板应可以完全踩下	
		检查制动踏板的工作状况（异常噪声）	在发动机处于停机状态时，连续踩压几下制动踏板后，制动踏板无异常噪声	
		检查制动踏板的工作状况（过度松动）	在发动机处于停机状态时，连续踩压几下制动踏板后，制动踏板无过度松动的情况	
		检查制动踏板的高度	应符合原厂规定，参考值：140～150mm	
		检查制动踏板的自由行程	应符合原厂规定，参考值：1～6mm	
		检查制动踏板的行程余量	应符合原厂规定，参考值：70～80mm	
		检查制动助力器的工作情况	制动助力器应正常、有效工作	
		检查制动助力器的气密性	制动助力器中维持真空，恒压室和变压室应密封，空气阀有效	
		检查制动助力器的真空功能	制动助力器室的真空压力无泄漏	

五、离合器检查

按照表 2-5 中的技术要求检查离合器。

表 2-5　离合器检查工作表

检查部位	检查项目	技术要求	检查结果
离合器	检查离合器踏板的工作状况	在踩下离合器踏板时，离合器踏板回弹有力，无异常噪声，无过度松动，离合器踏板不沉重	
	检查离合器踏板的高度	应符合原厂规定，参考值：（150±10）mm	
	检查离合器踏板的工作行程	应符合原厂规定，参考值：15～25mm	
	检查离合器分离点	分离点的行程量应符合原厂规定	

💡 **素养与思政**

本任务要求分组训练，各小组对所学的理论知识进行巩固学习，在学习过程中必须团结合作；在车辆维修过程中要讲诚信，拒绝虚假维修，遵守汽车维修行业相关的法律法规，全程实现 7S 现场管理。

拓展练习

一、选择题

1. 下列关于制动系统的表述，正确的是（　　　）。

A. 拆卸制动鼓（或制动钳）后，不能再踩制动踏板

B. 应该在调整制动蹄间隙前调整驻车制动器的行程

C. 制动液没有腐蚀性，即使其落在油漆表面，漆面也不会受损

2. 一般盘式制动器制动片间隙的自动调整功能是通过（　　　）来实现的。

A. 密封圈的弹性变形

B. 制动盘的弹性变形

C. 制动钳的弹性变形

3. 对于机械转向系统，不可能导致方向盘自由行程过大的是（　　　）。

A. 转向器的小齿轮与齿条间隙过大

B. 前轮定位不正确

C. 转向横拉杆球头销磨损

4. 离合器踏板自由行程过小可能导致（　　　）。

A. 离合器打滑　　　　　B. 离合器分离不彻底　　　　　C. 离合器异响

5. 正常情况下，制动灯亮时，车后相距（　　　）m 处的其他车辆应能看得清制动灯的灯光。

A. 50　　　　　　　　　B. 100　　　　　　　　　C. 200

6. 转向灯在汽车转向、变换车道时以每分钟（　　　）次的频率闪烁。

A. 50～100　　　　　　B. 60～120　　　　　　C. 60～80

二、判断题

1. 制动液的性能稳定，故若无异常泄漏，则只需检查，无须定期更换。　　（　　）

2. 制动防抱死装置会使最大制动力减小。　　（　　）

3. 一般情况下，轿车的前轮采用鼓式制动器，后轮采用盘式制动器。　　（　　）

4. 每套制动装置都是由制动器和制动传动装置组成的。　　（　　）

5. 离合器安装在发动机与变速器之间，通过离合器的分离与接合来控制发动机与变速器之间动力的切断与传递。　　（　　）

6. 离合器的分离轴承为封闭式，一般不能拆卸、清洗或加润滑剂，若损坏，则应更换新件。　　（　　）

7. 更换制动液时，不同品牌同一型号的制动液可以混用。　　（　　）

8. 防抱死系统工作时，制动压力调节器会控制各制动轮缸的压力不断增压、保压、减压。　　　　　　　　　　　　　　　　　　　　　　　　　　（　　）

9. 无论点火开关是打开状态还是关闭状态，踩下制动踏板后，制动灯都点亮，松开制动踏板，制动灯都熄灭。　　　　　　　　　　　　　　　　　　　（　　）

三、问答题

简述驻车制动器的检查步骤。

技能考核

请根据表 2-6 完成室内检查考核，时间为 30 分钟。

表 2-6　室内检查考核

序号	考核内容	配分/分	具体内容	考核记录	扣分	得分
1	考前准备（2分）	2	备齐所需的工具、量具及设备			
2	车灯检查（24分）	2	检查示宽灯、牌照灯、尾灯和仪表灯			
		2	检查前照灯（近光灯）和近光指示灯			
		2	检查前照灯（远光灯）和远光指示灯			
		2	检查前照灯闪光器和指示灯			
		2	检查转向灯和转向指示灯			
		2	检查危险警告灯和危险警告指示灯			
		2	检查制动灯			
		2	检查倒车灯			
		2	检查转向灯开关的自回功能			
		2	检查顶灯			
		2	检查警告灯（点亮和熄灭）			
		2	检查雾灯			
3	洗涤器和刮水器检查（16分）	2	检查清洁液的喷洒压力、喷洒范围			
		2	检查喷洗联动刮水功能			
		2	检查刮水器的工作情况（一次刮拭）			
		2	检查刮水器的工作情况（慢速）			
		2	检查刮水器的工作情况（快速）			
		2	检查刮水器的工作情况（间歇刮拭）			
		2	检查刮水片的停止位置			
		2	检查刮水器的刮拭效果			

续表

序号	考核内容	配分/分	具体内容	考核记录	扣分	得分
4	方向盘和喇叭检查（8分）	2	检查方向盘的自由行程			
		2	检查方向盘有无松动和摆动			
		2	检查方向盘的锁定功能			
		2	检查喇叭			
5	驻车制动器和行车制动传动机构检查（24分）	2	检查驻车制动器的行程			
		2	检查驻车制动指示灯			
		2	检查制动踏板的工作状况（反应灵敏度）			
		2	检查制动踏板的工作状况（完全踩下）			
		2	检查制动踏板的工作状况（异常噪声）			
		2	检查制动踏板的工作状况（过度松动）			
		2	检查制动踏板的高度			
		2	检查制动踏板的自由行程			
		2	检查制动踏板的行程余量			
		2	检查制动助力器的工作情况			
		2	检查制动助力器的气密性			
		2	检查制动助力器的真空功能			
6	离合器检查（8分）	2	检查离合器踏板的工作状况			
		2	检查离合器踏板的高度			
		2	检查离合器踏板的工作行程			
		2	检查离合器分离点			
7	基础理论知识（10分）	10	回答正确、书写工整，按时全部完成			
8	职业素养（8分）	3	课堂纪律			
		3	文明操作及职业素养			
		2	7S现场管理			
9	时间要求		每超过1分钟扣1分,超过10分钟者不予及格			
	合计	100	合计得分			

任务二　车身内外部件及发动机舱检查

 知识目标

1. 能说出发动机舱需要检查的部件。
2. 能说出座椅的检查方法。

3. 能说出车门及行李舱的检查方法。

 能力目标

1. 能按标准流程检查发动机舱。
2. 能按标准流程检查座椅及车门。

 思政目标

1. 通过对整车举升水平位置维护与保养知识的学习，培养学生精益求精的工匠精神。
2. 通过小组合作学习，培养学生爱岗敬业、团结互助的价值观。

任务引入

汽车维护的项目有一百多项，汽车进入保养工位后，维修人员根据工作过程中工作任务的内容及工作便利程度，将维护与保养项目拆分，以便提高工作效率。本任务介绍在整车举升水平位置完成车身内外部件及发动机舱检查的项目，如对机油、蓄电池、制动液、冷却液、座椅、车门、行李舱、部分电气设备等进行检查的方法。

相关知识

一、车身内外部件检查

1. 车身内外部件检查的作用

车身是汽车的重要组成部分，是驾驶员工作的场所，用于安置乘客与货物。车身应为驾驶员提供方便的操作条件，为乘客提供舒适安全的乘车环境，保证货物完好无损。车身内外部件检查的作用是确保车身内外附件、座椅、安全带及备用轮胎等完好。

2. 车身内外部件检查的工作内容

（1）检查座椅。

①检查座椅的安全性能；②检查座椅的螺栓和螺母是否紧固；③检查座椅的开关是否灵活。

（2）检查安全带。

①检查安全带的伸缩性和预紧装置是否良好；②检查安全带固定座的螺母及螺栓是否紧固。

（3）检查车门。

①检查门控灯开关；②检查车门铰链的螺栓和螺母是否紧固；③检查车门的限位器；

④检查玻璃升降功能是否正常；⑤检查后车门的儿童锁是否正常工作；⑥检查车门内外把手有无老化及损坏。

（4）检查油箱盖。

①检查油箱盖和垫片是否变形或损坏；②检查油箱盖上的真空阀是否堵塞；③检查油箱盖扭矩控制机构的工作状况；④检查油箱盖与车身的连接器有无变形。

（5）检查行李舱。

①检查车灯的安装状况；②检查车灯是否损坏或有污垢；③检查行李舱的螺栓和螺母是否紧固。

（6）检查轮胎。

①检查轮胎气压和气门嘴漏气情况；②检查轮胎有无龟裂、损伤，有无金属嵌入物及其他异物；③检查轮胎花纹的深度；④检查轮圈和轮盘有无损坏、腐蚀、变形等情况。

（7）检查发动机舱盖。

①检查发动机舱盖的螺栓和螺母是否紧固；②检查发动机舱盖限位器。

3. 车身内外部件检查的方法和技术要求

1）检查座椅

座椅的作用：为驾乘人员提供便于操作、舒适、安全的驾驶或乘坐位置。座椅必须可靠安装。

（1）检查座椅的安全性能，座椅表面应平整、清洁、无破损。

（2）检查座椅连接车身的螺母及螺栓的紧固情况。

（3）检查座椅前后、上下位置调整是否顺畅，开关是否灵活，回位是否正常；检查座椅靠背及腰垫（若有）前后移动是否顺畅，开关是否灵活，回位是否正常；检查座椅头枕上下移动是否正常，卡扣是否灵活回位，如图2-26所示。

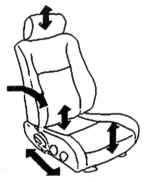

图2-26 检查座椅

2）检查安全带

安全带的作用：当汽车遇到意外情况或紧急制动时，其可以将驾驶员和乘客束缚在座椅上，以免前冲，从而保护驾驶员和乘客。公安部门要求小型客车的驾驶员和前排的乘客

必须使用安全带，以便发生交通事故时，安全带对人起到缓冲的作用，防止出现二次伤害。

（1）检查安全带的伸缩性和预紧装置是否良好。

（2）检查在车身中间 B 柱上安全带固定座、座椅边地板上安全带固定座的螺母及螺栓的紧固情况，如图 2-27 所示。

图 2-27　检查安全带

3）检查车门

（1）汽车顶灯用于车厢内照明。当顶灯开关位于"DOOR"位置时，顶灯由门控灯开关控制。门控灯开关和顶灯开关的安装位置如图 2-28 所示，打开任意一扇车门时，顶灯点亮；所有车门都关闭后，顶灯熄灭。

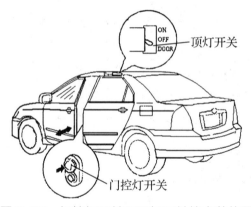

图 2-28　门控灯开关和顶灯开关的安装位置

（2）检查车门铰链的螺栓和螺母是否松动、车门是否下沉、车门关闭是否灵敏、车门锁开关是否有效。车门铰链的安装位置如图 2-29 所示。

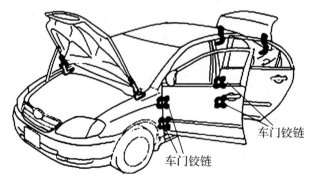

图 2-29　车门铰链的安装位置

（3）检查车门的限位器。车门的限位器能有效限制车门的开门位置，实现开门限位，从而保护车门，使车门不被损坏。

（4）检查玻璃升降是否顺畅、升降开关是否正常、防夹手功能是否正常。

（5）检查后车门的儿童锁是否正常工作。

（6）检查车门内外把手是否能正常开门、有无老化及损坏。

4）检查油箱盖

（1）检查油箱盖和垫片是否变形或损坏。

油箱盖是汽车部件中的重要安全件。它的主要功能是在汽车行驶和停止时保证油箱通气畅通，在一定的压力条件下不能泄漏。尤其是当汽车在颠簸路段行驶时，油箱内要保持密闭的状态，以免燃油外泄，发生危险。

（2）检查油箱盖上的真空阀是否堵塞。

① 汽车在工作时不断地从油箱吸取燃油，此时外部的空气通过油箱盖上的真空阀补充到油箱内，如果空气补充不流畅，使油箱内形成真空状态，汽车就会动力不足或者熄火。

② 当汽车停止且在烈日暴晒之下时，油箱内的燃油因温度升高而汽化，产生较大的压力，此时必须通过油箱盖上的真空阀将汽化压力释放。

（3）检查油箱盖扭矩控制机构的工作状况。

当油箱盖拧紧到一定位置时，油箱盖扭矩控制机构实时检测出规定值，并发出"咔嗒"声，若听到油箱盖扭矩控制机构发出三声"咔嗒"声，而且能够自由转动油箱盖，则油箱盖扭矩控制机构的工作状况正常，如图 2-30 所示。

（4）检查油箱盖与车身的连接器，应无变形，转动灵活，无卡滞现象。

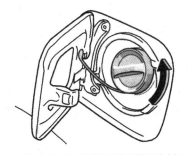

图 2-30　检查油箱盖扭矩控制机构的工作状况

5）检查行李舱

行李舱上安装有夜行灯、信号灯、雾灯等灯具，各种灯具有不同的用途。车灯的安装状况和车灯的完好是非常重要的。

（1）检查车灯的安装状况。

用手检查车灯是否松动，如图 2-31（a）所示。

汽车维护与保养 一体化教材

（2）检查车灯是否损坏或有污垢。

通过检查确保各车灯的灯罩和反光镜没有褪色或者因碰撞而损坏。同时，检查车灯内是否有污垢或水进入，如图2-31（b）所示。

（3）打开行李舱盖，检查螺栓和螺母是否紧固。

（a）检查车灯的安装状况　　　　　　（b）检查车灯是否损坏或有污垢

图 2-31　检查车灯

6）检查轮胎

备胎（备用轮胎）也是汽车的重要部件之一，一旦轮胎发生故障，随车携带的备胎就可派上用场。在进行车身内外部件检查时，不要忽略了备胎，到紧急时刻才发现备胎气压不足、气门嘴损坏或备胎已过保质期，有备胎等于没备胎。日常检查和定期的轮胎检查也要包括备胎检查。备胎通常为应急使用胎，使用频率很少，它也是橡胶制品，会老化、损坏，若日常不注意保养，备胎就会变成废胎。

（1）检查轮胎气压和气门嘴漏气情况。

轮胎气压过低会导致不正常磨损或轮胎内部损伤，轮胎气压过高则会使轮胎及轮圈较易因受到不平路面的冲击而变形，甚至会导致爆胎。因此，需对轮胎气压进行日常检查和定期检查。

① 用轮胎气压表检查轮胎气压，轮胎气压校调如图2-32（a）所示。轮胎标准气压标注在驾驶员侧门内侧的 B 柱上。轮胎标准气压通常为200～230kPa，因不同车型而异。

② 检查完轮胎气压后，通过在气门嘴［见图2-32（b）］周围涂肥皂水来检查轮胎是否漏气。确认不漏气后，为轮胎安装气门嘴盖，若没有气门嘴盖，则灰尘或湿气将进入气门嘴并导致漏气。

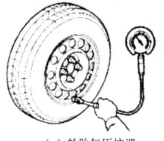 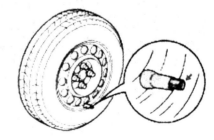

（a）轮胎气压校调　　　　　　（b）气门嘴

图 2-32　检查轮胎气压

（2）检查轮胎有无金属嵌入物及其他异物。

轮胎有金属嵌入物及其他异物容易导致瘪胎、轮胎爆裂，轮胎损坏易引起严重的交通事故。

（3）检查胎壁和胎面有无裂纹、割痕或其他损坏，如图 2-33 所示。

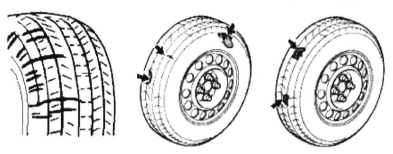

图 2-33　轮胎龟裂、损伤

（4）检查轮胎花纹的深度。

轮胎花纹的深度磨损至 1.6mm 及以下时会导致轮胎容易滑动，尤其是当汽车高速行驶在潮湿的地面时，轮胎不能排水，会在水面滑动（滑水效应），导致汽车失控，进而造成严重的交通事故。轮胎花纹的深度如图 2-34 所示。如果轮胎花纹的深度磨耗至 4mm 以下，则轮胎的雪地功能消失。

图 2-34　轮胎花纹的深度

检查轮胎花纹的深度有以下几种方法。

① 可以使用直尺测量轮胎花纹的深度。

② 使用轮胎深度规测量轮胎花纹的深度，如图 2-35 所示。

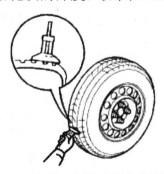

图 2-35　用轮胎深度规测量轮胎花纹的深度

③ 可以通过观察与地面接触的轮胎表面的胎面磨耗指示标记来检查轮胎花纹的深度，如图 2-36 所示。

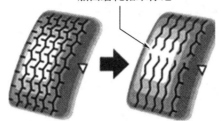

图 2-36　通过胎面磨耗指示标记检查轮胎花纹的深度

（5）检查轮圈和轮盘。

轮圈和轮盘的损坏、腐蚀、变形会造成车轮不平衡，从而影响汽车的操作稳定性和轮胎的使用寿命。轮圈和轮盘的损坏、腐蚀、变形如图 2-37 所示。

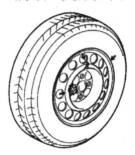

图 2-37　轮圈和轮盘的损坏、腐蚀、变形

7）检查发动机舱盖

（1）检查发动机舱盖铰链的螺栓和螺母，应无松动，铰链关闭应灵活。

（2）检查发动机舱盖限位器，应有效。

二、发动机舱检查

1．检查发动机舱内各种油液的液位

1）检查发动机舱内各种油液液位的作用

在汽车维护的整个过程中，有些项目是需要启动发动机或在发动机运转的状态下进行的，而各种油液（如机油、冷却液等）是启动发动机和发动机运转所必需的。因此，必须检查发动机舱内各种油液的液位。发动机舱内各种油液的液位检查如图 2-38 所示。

2）检查发动机舱内各种油液液位的工作内容

（1）检查冷却液的液位。

① 冷却液的作用。

冷却液的作用是使发动机的工作温度保持恒定。发动机在工作时，冷却液会有微量的损失，久而久之，造成冷却液不足。冷却液的液位下降会导致发动机过热，进而损坏发动机。因此，需对冷却液液位进行日常检查和定期检查。

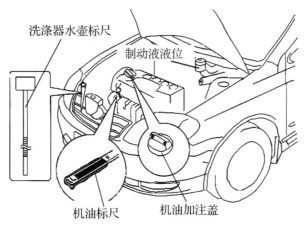

图 2-38 发动机舱内各种油液的液位检查

② 检查冷却液液位的方法。

冷却液液位的正常情况是冷却液的液位应在补偿水箱（冷却液储液罐）标尺上的最高点（FULL）与最低点（LOW）之间，如图 2-39 所示。冷却液过多有可能在温度高时溢出；冷却液过少（如冷却液的液位降到最低点以下）会使发动机因冷却液不足而升温。

检查冷却液的液位时，需确保冷却液的液位在补偿水箱标尺上的最高点与最低点之间。

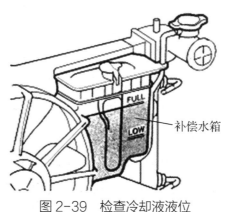

图 2-39 检查冷却液液位

（2）检查机油液位。

① 机油的作用。

发动机润滑系统的功能是在发动机工作时连续不断地把数量足够、温度适当的洁净机油以压力润滑方式或飞溅润滑方式送到运动件的摩擦表面，并在摩擦表面之间形成油膜，实现液体摩擦，从而减小摩擦阻力、降低功率消耗、减轻机件磨损，以达到提高发动机工作可靠性和耐久性的目的。机油不足有可能造成发动机损坏。因此，需对机油液位进行日常检查和定期检查。

② 检查机油液位的方法。

检查时，需要查看机油液位是否在机油标尺上标注的正常范围内，如图 2-40 所示。

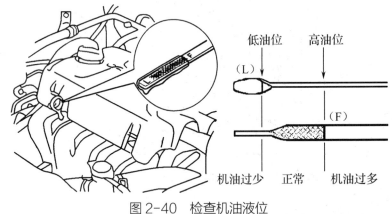

图 2-40 检查机油液位

（3）检查制动液液位。

① 制动液的作用。

制动液是由基础油或基础液及各种添加剂构成的，是汽车液压制动系统中用于传递压力，使车轮制动器实现制动的一种功能性液体。制动液的质量和数量直接关系到汽车的行驶安全。制动液液位过高会使制动液溢出，制动液对车身油漆或底盘有很大的腐蚀性；制动液液位过低会导致制动踏板下降，制动失效。因此，需对制动液液位进行日常检查和定期检查。

② 检查制动液液位的方法。

制动液盛放在制动总泵上方的制动液储液罐内，正常情况下，制动液液位应在制动液储液罐外部标记位置的最高点（MAX）与最低点（MIN）之间。

检查制动液液位时，查看制动液储液罐内的制动液液位是否在储液罐外部标记的正常范围内，如图 2-41 所示。如果制动液不足，应添加相同类型和品牌的制动液，不应添加其他类型和品牌的制动液或酒精替代品。

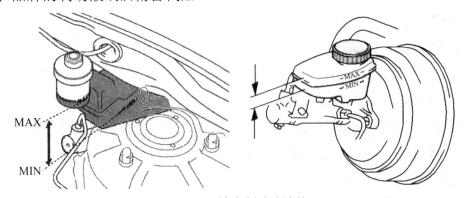

图 2-41 检查制动液液位

（4）检查清洁液的液位。

① 清洁液的作用。

汽车上的刮水器用于刮掉附着于挡风玻璃上的雨、雪、泥土、尘埃及其他污物。但在刮拭泥土、尘埃等时，如果挡风玻璃上没水，使用刮水器进行干刮就很难刮净，甚至会划伤挡风玻璃。清洁液不足会导致挡风玻璃无法保持干净，从而影响驾驶员视野。因此，需对清洁液液位进行日常检查和定期检查。

② 检查清洁液液位的方法。

检查清洁液液位时，查看洗涤器储液罐内的清洁液液位是否在高度尺上标注的正常范围内，如图 2-42 所示。

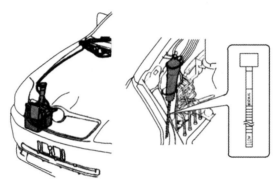

图 2-42　检查清洁液液位

2．检查制动管路

制动管路的检查内容包括制动总泵是否漏油、制动管路是否漏油、制动踏板的"脚感"、制动管路接口处是否漏油，以及制动管路是否有损伤。

踩下制动踏板时，首先要感觉到制动踏板有轻微的自由行程，自由行程为 6～20mm，继续踩下制动踏板，制动踏板要有明显的阻力，直到踩不动为止。如果制动踏板偏软，没有明显阻力，说明制动系统有问题，应该进行维修。如果踩下制动踏板时，第一脚踩得很低，第二脚恢复正常，但用力踩下制动踏板时有轻微弹性，则表明制动管路中有气体，应排出制动管路中的气体。

当完全踩下制动踏板时，制动踏板与驾驶室地板之间应保持一定距离，该距离应满足车辆的要求。如果该距离过小，说明车轮制动器的闸瓦间隙过大，应调整车轮制动器的闸瓦间隙。

除此之外，还应检查制动总泵与制动管路的接口处、制动管路之间的连接处是否松动或漏油，制动管路是否有老化、裂痕、擦伤等现象。制动管路如图 2-43 所示。

3．检查蓄电池

（1）检查蓄电池外形是否完好。检查蓄电池外壳是否存在膨胀、鼓包、漏液、断隔等现象，接线端子是否出现白色或绿色粉末等。

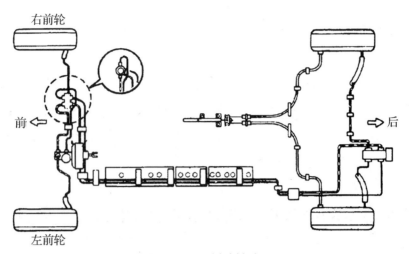

图 2-43 制动管路

（2）检查观察口。大部分蓄电池上都会有一个观察口，一般位于蓄电池的正上方，通过观察口能看见的颜色分为三种：绿色、黄色和黑色。绿色代表电量充足，黄色代表略微亏电，黑色则代表蓄电池快报废了，需要更换。

（3）通过蓄电池测量仪或万用表来测量蓄电池的电压。汽车蓄电池的电压通常为 12V 左右，车辆发动后会提高到 13～14V，发动机启动电压不低于 9.5V。

4．检查皮带

风扇、水泵和发电机一般由曲轴上的皮带轮通过 1 根皮带驱动。如果皮带过紧，则会使水泵、发电机等轴承和皮带之间的磨损加剧；如果皮带过松，则会出现皮带打滑现象。因此，应经常检查并及时调整皮带的松紧度。

（1）压力法检查：用拇指强力地按压两个皮带轮中间的皮带，按压力为 200N 左右，如图 2-44 所示，皮带的挠度应符合规定（一般旧皮带为 10～15mm，新皮带为 8～10mm）。

如果压下量过大，则说明皮带的张力不足；如果皮带几乎没有压下量，则说明皮带的张力过大。张力不足时，皮带很容易打滑；张力过大时，很容易损伤各种辅机的轴承。

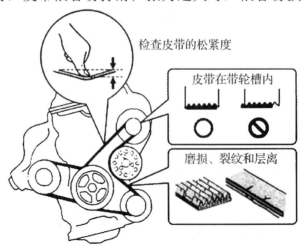

图 2-44 压力法

（2）翻转皮带法检查：用两手指夹住皮带使其翻转，翻转角度应为90°以下，如图2-45所示，否则应调整皮带的松紧度。

图2-45　翻转皮带法

5．检查发动机各结合面

（1）检查气门室盖有无渗油，如图2-46所示。

图2-46　检查气门室盖

（2）检查气缸盖及缸垫密封面有无渗油或破损，如图2-47所示。

图2-47　检查气缸盖及缸垫密封面

（3）检查正时罩盖（正时链）有无渗油，如图2-48所示。

图 2-48 检查正时罩盖

6．检查前、后悬架

（1）检查减振器的减振力。

悬架是由弹性元件、导向机构和减振器组成的。悬架的作用是把车桥和车架（或车身）弹性地连接起来，降低行驶过程中车辆受到的冲击力，保证货物完好和人员舒适。减振器的作用是减缓和迅速消除由弹性元件引入的振动，使汽车在行驶过程中保持稳定的姿势，提高操纵稳定性。如果减振器损坏，则减振力下降，不能减缓和迅速消除由弹性元件引进的振动。检查方法：在汽车前或后转角处按下汽车并迅速放开，若汽车有 2～3 次轻微弹跳，则说明减振器的减振力良好，如图 2-49 所示。

（2）检查车辆倾斜度。

悬架系统能够传递垂直反力、纵向反力（牵引力和制动力）和侧向反力，并将这些力所造成的力矩作用到车架（或车身）上，以保证汽车行驶平稳。检查方法：在汽车的前面和后面 2m 的位置，使眼睛与行李舱盖或后视镜保持水平，观察车身两侧的高度是否一致，如图 2-50 所示。

图 2-49 检查减振器的减振力

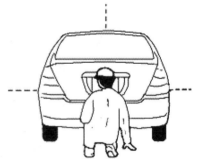

图 2-50 检查车辆倾斜度

【注意】如果车辆倾斜，则需要验证以下各项：轮胎气压是否一致，左、右轮胎或者车轮尺寸是否存在偏差，车辆负荷是否分配均匀。

7．检查前减振器上支架

前减振器上支架是减振器与车身连接的一个重要部件，定期检查前减振器上支架对车辆的舒适性、安全性有重要意义。检查前减振器上支架的螺栓是否紧固，若松动，则使用

扭矩扳手进行紧固，如图 2-51 所示。

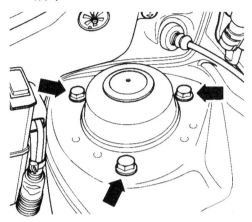

图 2-51　检查前减振器的上支架

任务实施

按照表 2-7 中的技术要求检查车身内外部件及发动机舱。

表 2-7　车身内外部件及发动机舱检查工作表

序号	检查部位	检查项目	技术要求	检查结果
1	车身内外部件	检查座椅	座椅牢固可靠，位置调整顺畅	
		检查安全带	伸缩性和预紧装置良好	
		检查车门	车门开关自如、无松动现象，车门锁开关正常，螺栓、螺母未出现松动	
		检查油箱盖	1．油箱盖和垫片未损坏及变形； 2．油箱盖上的真空阀未堵塞	
		检查行李舱	行李舱上的灯具正常工作不松动，表面没有裂纹及脏污	
		检查轮胎	1．轮胎气压为 200～230kPa； 2．轮胎花纹的深度正常； 3．轮圈和轮盘未损坏、腐蚀、变形	
		检查发动机舱盖	1．发动机舱盖的螺栓和螺母紧固； 2．发动机舱盖限位器的性能良好	
2	发动机舱	检查发动机舱内各种油液的液位	各油液的液位在正常范围内	
		检查制动管路	制动总泵无漏油，制动管路无漏油	
		检查蓄电池	外形良好、观察口显示绿色，静态电压为 12V 左右	
		检查发动机各结合面	无渗油现象	
		检查皮带	用 200N 的力按压，皮带的挠度应符合规定	
		检查前、后悬架	1．减振器的减振力正常； 2．目测无倾斜	
		检查前减振器上支架	无松动现象，螺栓力矩符合规定	

素养与思政

本任务要求分组训练，各小组对所学的理论知识进行巩固学习，在学习过程中必须团结一致、相互合作；在车辆维修过程中要讲诚信，拒绝虚假维修，全程实现 7S 现场管理。

一名顾客走进一家汽车维修店，自称是某运输公司的汽车司机。他对店主说："在我的账单上多写点零件，我回公司报销后，以后经常来你这里维修。"但店主拒绝了这样的要求。顾客纠缠说："我们公司有两百多辆车，每月的维护与保养费用加维修费用是一笔很大的开销，如果你能按我的要求做，你肯定能赚很多钱！"店主告诉他，这事无论如何也不会做。顾客气急败坏地嚷道："谁都会这么干的，我看你是太傻了。"店主听后也生气了，他要求那名顾客马上离开，到别处谈这种生意去。这时，顾客露出微笑并满怀敬佩地握住店主的手说："我就是运输公司的老板，我一直在寻找一家固定的、信得过的汽车维修店，你还让我到哪里去谈这笔生意呢？"

请各小组成员分析：一家汽车维修店如果进行虚假维修，对其长远发展有何影响？诚信对企业有何意义？店主的做法是否值得我们学习？

拓展练习

一、选择题

1. 轮胎花纹的深度磨损至（   ）mm 以下时会导致轮胎容易滑动，增加行车安全风险。

A. 1.0   B. 1.6   C. 2.0   D. 2.6

2. 如果轮胎花纹的深度磨损至（   ）mm 以下，则其雪地功能消失。

A. 4.0   B. 4.5   C. 5.0   D. 6.0

3. 大部分轿车的轮胎标准气压为（   ）kPa，因不同车型而异。

A. 200～210   B. 200～230   C. 230～250   D. 250～280

4. 汽车蓄电池的电压一般会保持在一定数值，发动机启动电压不能低于（   ）V。

A. 9.5   B. 10.5   C. 12   D. 14

二、判断题

1. 刮水器用于刮掉附着于挡风玻璃上的雨、雪、油漆、机油及其他污物。（   ）

2. 根据从蓄电池上的观察口看见的颜色能判断蓄电池的好坏。（   ）

3. 冷却液液位的正常情况是冷却液的液位应在补偿水箱标尺线以上的位置。（   ）

4. 当油箱内的燃油因温度升高而汽化，产生较大的压力时，不用通过油箱盖将汽化压力释放。（   ）

5．安全带是汽车上用于保证乘客及驾驶员在车身受到猛烈撞击时，防止乘客和驾驶员因安全气囊弹出而受到伤害的装置。 （   ）

三、问答题

简述备胎的检查步骤。

综合技能训练

张先生的轿车已经使用了 8 年，最近夜间开车时发现灯光出了一些问题，座椅的位置调整也不是很灵活，于是张先生开车去 4S 店，要求维修人员帮忙检查相关故障，请各小组根据客户要求制定维修方案。

一、问诊

根据客户需求，按要求填写车辆检查问诊单（见表 2-8）。

表 2-8 车辆检查问诊单

客户姓名		车牌			
客户电话		车型			
维修人员		车架号			
预计交车时间		行驶里程		燃油表显示	
外观确认 □ 划伤 ○ 擦伤 ◎ 碰伤 ◇ 凹陷 △ 脱落		仪表故障信息： 其他：			

续表

	走保（磨合期检查）
客户需求	5000km 保养
	_____km 保养
维护与保养项目	
维护与保养项目已确认，并已将现金及贵重物品从车内取走			
---	---	---	---
客户签字		维修人员签字	

二、任务分配

教师将学生分成若干小组，每组 6 人并选出一名组长，组长负责对组员进行任务分配，组员按照组长的要求完成相应的任务，并将所完成的任务内容填入表 2-9。

表2-9　个人任务工作表

序号	任务描述	个人任务	完成情况	教师或组长检验结果
1	张先生的轿车已经使用了 8 年，最近夜间开车时发现灯光出了一些问题，座椅的位置调整也不是很灵活，于是张先生开车去 4S 店，要求维修人员帮忙检查相关故障。请根据所学知识制定维修方案，并根据维修方案对车辆进行维护与保养			
2				
3				
4				
5				
6				

三、制定维修方案并实施

根据客户需求（或汽车的行驶里程）制定维修方案并实施，按要求填写表 2-10。

表2-10　任务单

序号	项目	检查内容	技术标准（要点）	结果
1	安装防护	四件套	安装座椅套、方向盘套、换挡杆套、脚垫	
		车辆保护	打开发动机舱盖，安装左、右翼子板布和前格栅布	

续表

序号	项目	检查内容	技术标准（要点）	结果
2	发动机舱检查	机油	检查机油的油质、油量是否正常	
		清洁液	检查清洁液液位，液位低时进行加注	
		冷却液	检查冷却液液位是否在正常范围内	
		制动液	检查制动液液位是否在正常范围内	
		减振力	上下摇动车身，检查减振器的减振力是否良好	
		收起发动机机舱防护	收起左、右翼子板布及前格栅布并叠好，关闭发动机舱盖	
		车辆倾斜度	从车辆的正前方目视车辆，检查车辆是否倾斜	
3	前部灯光检查	故障指示灯	维修人员进入驾驶室，将点火开关置于"ON"位置，检查仪表盘上的所有故障指示灯是否点亮；踩下制动踏板，启动发动机，检查仪表盘的所有故障指示灯是否熄灭（安全气囊系统警告灯要延迟几秒熄灭）	
		仪表盘上的指示灯	依次打开不同灯光，检查仪表盘上相对应的指示灯是否点亮	
		前部灯光	检查示宽灯、近光灯、远光灯、前照灯闪光器、前雾灯是否能正常点亮	
		转向灯/危险警告灯	检查前左、右转向灯（含侧灯）是否能正常点亮，转动方向盘检查转向灯开关回位情况，检查前危险警告灯是否能正常点亮	
4	后部灯光检查	大灯清洗功能	近光灯点亮时，按下大灯清洗开关，检查两个大灯清洗器是否都能正常喷射清洗液，喷射位置是否正常	
		后部灯光	检查示宽灯、制动灯、倒车灯、后雾灯、后转向灯及仪表盘上相应的指示灯是否能正常点亮	
		声呐侦测系统	障碍物接近超声波传感器时，蜂鸣器鸣响。鸣响频率与障碍物与车身的距离有关，距离越近，鸣响频率越高	
5	驾驶员位置检查	洗涤器和刮水器	检查洗涤器中清洁液的喷洒压力及清洁液的喷洒范围是否正常	
			刮水器的刮拭效果是否良好，刮拭范围是否合适	
			将刮水器开关置于"AUTO"位置，将水洒向自动刮水器传感器位置，检查刮水器是否自动刮拭	
			将刮水器开关置于各挡位，检查刮水器在各挡位上是否工作正常	
			关闭刮水器开关，检查刮水片的停止位置是否为初始位置	
		喇叭	按下喇叭开关，检查喇叭的音量和音调是否正常	
		方向盘	方向盘松动检查：两手握住方向盘，轴向、垂直和向两侧摇动，检查方向盘有无松动或摆动	
			方向盘自由行程检查：怠速时使车辆笔直朝向前方，轻轻转动方向盘，在车轮即将转动时，用直尺测量方向盘的自由行程	
			调节检查：检查方向盘的电动调节功能是否正常	
			方向盘锁定功能检查：关闭点火开关，然后转动方向盘，确认其是否锁止	
			检查方向盘上各个按键的功能是否正常	

 汽车维护与保养 一体化教材

续表

序号	项目	检查内容	技术标准（要点）	结果
		后视镜	检查左侧后视镜上、下、左、右各方向调节是否正常	
			检查右侧后视镜上、下、左、右各方向调节是否正常	
			检查两侧后视镜的折叠、伸缩功能是否正常，有无异响	
		组合仪表灯光调节	旋转组合仪表灯光调节按钮，检查仪表灯光是否变暗或变亮	
		左前座椅	调节座椅开关，检查座椅各个部位的动作是否平顺，有无异响	
		安全带	检查安全带的螺母、螺栓是否紧固，安全带的伸缩性和预紧装置是否良好	
		驾驶员把手	用力拉下驾驶员把手，检查把手是否安装牢固	
		左侧遮阳板及梳妆镜	检查左侧遮阳板活动是否正常，梳妆镜是否能正常点亮	
		顶灯、阅读灯、车内后视镜	按下顶灯开关和阅读灯开关，检查顶灯及阅读灯是否能正常点亮，检查车内后视镜的角度是否合理	
		天窗	检查天窗是否关闭及开启正常、滑动顺畅、无噪声	
		右侧遮阳板及梳妆镜	检查右侧遮阳板活动是否正常，梳妆镜是否能正常点亮	
		驻车制动指示灯	踩下制动踏板或者拉动驻车制动器至第一个槽口，检查驻车制动指示灯是否正常点亮，部分电子驻车可省略此步骤	
		制动踏板的行程	继续踩下制动踏板，检查制动踏板的行程是否在规定的槽数内（正常为7~10个槽）	
		制动踏板的应用状况	踩下制动踏板，检查制动踏板的应用状况，是否过度松动或有异响	
		制动助力器的真空功能及气密性	踩下制动踏板后，停止发动机并保持30s以上，制动踏板的高度应无变化，踩下制动踏板数次，其高度应一次比一次高	
		制动助力器工作情况	在发动机停机状态下，踩下制动踏板数次后，启动发动机，检查制动踏板是否下沉	
		制动踏板的行程余量	在发动机处于怠速状态和松开驻车制动器时，踩下制动踏板，测量制动踏板的行程余量（扣除脚垫的厚度）	
		制动踏板的高度	用直尺测量制动踏板的高度（扣除脚垫的厚度），如果超出规定范围，需对其进行调整	
		制动踏板的自由行程	发动机停止后，踩下制动踏板数次，以便解除制动助力器，然后用手指轻轻按压制动踏板，使用直尺测量制动踏板的自由行程	
		脚垫、座椅的螺母及螺栓	走出驾驶室，检查脚垫的安装情况、驾驶员座椅的螺母及螺栓有无松动	
		门控灯开关	按下、松开门控灯开关，检查顶灯、迎宾灯的工作状况	
6	左前车门检查	密封胶条、车门饰板	检查车门的密封胶条是否破损，车门饰板是否损坏、松动	
		车门门锁	检查门锁是否正常工作	
		螺母、螺栓及车门铰链	检查螺母、螺栓及车门铰链是否松动，打开或关闭车门时是否有异响	

续表

序号	项目	检查内容	技术标准（要点）	结果
		车窗玻璃升降	检查车窗玻璃升降是否正常，有无噪声	
		门控灯开关	关闭车门，顶灯应熄灭	
7	左后车门检查	门锁	检查门锁是否工作正常	
			检查儿童锁功能是否正常	
		螺母、螺栓及车门铰链	检查螺母、螺栓及车门铰链是否松动，打开或关闭车门时是否有异响	
		密封胶条、车门饰板	检查车门的密封胶条是否破损，车门饰板是否损坏、松动	
		车窗玻璃升降	检查车窗玻璃升降是否正常，有无噪声	
		左后座椅	检查座椅的螺母、螺栓有无松动	
		安全带	检查安全带的螺母、螺栓有无松动，安全带有无破损，锁止功能是否正常	
		门控灯开关	按下、松开门控灯开关，检查顶灯是否熄灭、点亮，关闭车门，顶灯应熄灭	
8	油箱盖检查	油箱盖	拧下油箱盖，检查油箱盖有无变形或损坏，同时检查真空阀是否锈蚀或粘住	
		扭矩控制机构	安装油箱盖，确认油箱盖发出"咔嗒"声，并能够自由转动	
		附件及连接状况	检查油箱盖附件及连接状况，确保油箱盖能够被正确关闭	
9	行李舱检查	行李舱门连接部位	打开行李舱，用手摇晃行李舱门，检查连接部位的螺母、螺栓是否松动	
		行李舱灯	检查行李舱灯是否能正常点亮及熄灭	
10	轮胎检查	外观检查	取下轮胎并将其放置在轮胎架上，检查轮胎胎面和胎壁是否有裂纹、割痕，有无金属嵌入物或其他异物	
		花纹深度	测量轮胎花纹的深度	
		异常磨损	检查轮胎胎面有无异常磨损	
		轮圈和轮盘	检查轮圈和轮盘是否损坏、腐蚀、变形	
		轮胎气压	使用气压表测量轮胎气压是否在标准范围内	
		漏气检查	将肥皂水涂在轮胎气门嘴周围，检查是否漏气	

四、任务评价

根据表 2-11 中的评价内容进行自我评价、相互评价、教师评价，并填写表 2-11。

表 2-11　任务评价表

评价内容		自我评价（打分）	相互评价（打分）	教师评价（打分）
信息收集（15 分）	任务或问题的理解程度（5 分）			
	收集信息的完整性（5 分）			
	对信息的领会程度（5 分）			
制定维修方案（20 分）	维修方案制定的参与程度（10 分）			
	维修方案的合理性及实用性（10 分）			
修改维修方案（15 分）	和教师讨论维修方案（5 分）			
	和教师讨论后，是否知道如何改进维修方案（5 分）			
	修改后的维修方案的完整性（5 分）			
实施（20 分）	是否按维修方案实施操作（5 分）			
	是否亲自实施维修方案（5 分）			
	是否记录实施过程及结果（10 分）			
检查（15 分）	是否按维修方案的要求完成任务（5 分）			
	是否达到预期目标（5 分）			
	整个工作流程是否与标准流程相符（5 分）			
评价（15 分）	是否完成了任务或解决了问题（5 分）			
	在哪个环节上可以改进（2 分）			
	学习小组的合作情况（3 分）			
	7S 现场管理及工作纪律（5 分）			
总评（100 分）				

项目三

整车举升中位维护与保养

📖 **项目描述**

    赵老师买了一辆比亚迪的混合动力新车，6 个月后接到 4S 店售后服务人员的电话，通知他车辆需要维护与保养了，于是赵老师开车到 4S 店进行维护与保养。将车停到保养工位后，维修人员开始检查，检查速度很快，检查项目也很多，车间里面有些车升得很高，有些车却只升半个人高。本项目主要介绍整车举升中位时所做的维护与保养项目及检查方法。

任务 车轮轴承、轮胎和制动器检查

 知识目标

1. 能说出车轮轴承、轮胎和制动器检查的作用。
2. 能说出车轮轴承、轮胎和制动器检查的方法。
3. 能说出车轮轴承、轮胎和制动器检查的技术要求。

 能力目标

1. 能按标准流程检查车轮轴承、轮胎和制动器。
2. 能按标准流程更换轮胎及制动液。

 思政目标

1. 通过对整车举升中位维护与保养知识的学习，培养学生精益求精的工匠精神。
2. 通过小组合作学习，培养学生爱岗敬业、团结互助的价值观。

任务引入

汽车的维护与保养项目有一百多项，汽车进入保养工位后，维修人员根据工作过程中工作任务的内容及工作便利程度，将维护与保养项目拆分，以便提高工作效率。本任务介绍了在整车举升中位时完成的车轮轴承、轮胎和制动器的维护与保养项目，并详细介绍了其检查方法。

相关知识

对车轮轴承、轮胎和制动器进行检查时，应将汽车举升至中位，如图3-1所示。

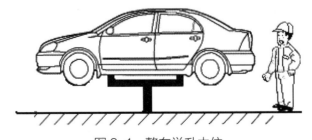

图 3-1　整车举升中位

一、车轮轴承检查

（一）车轮轴承检查的作用

车轮轴承的主要类型是锥形滚柱轴承，它可以承受径向和轴向负荷，并且由两个轴承的组合支撑车桥，锥形滚柱轴承应当进行预紧载荷调整。如果车轮轴承过紧，则车轮轴承之间没有间隙，车轮不能运动；如果车轮轴承过松，则车轮轴承之间间隙过大，会使车轮晃动。另外，汽车的正常行驶也会造成车轮轴承正常或非正常磨损，破坏车轮轴承的表面硬度，使间隙变大，从而影响车辆的安全性、稳定性，所以必须对车轮轴承进行定期维护。

（二）车轮轴承检查的工作内容

（1）检查车轮轴承有无摆动。

前后摇晃车轮，检查车轮轴承是否摆动，如图 3-2（a）所示。若有摆动，则可能是车轮轴承之间的间隙过大。

（2）检查车轮轴承的转动状况和噪声。

转动车轮，检查车轮轴承是否有噪声，车轮是否能平稳转动，如图 3-2（b）所示。若转动状况不良或有噪声，并不一定是车轮轴承损坏，也可能是制动系统存在问题，所以必须排除制动系统出现问题的可能，才能进一步检查车轮轴承。

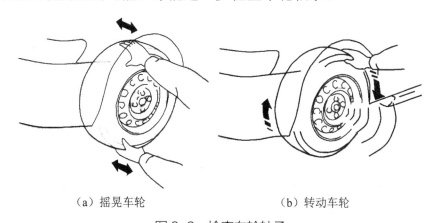

（a）摇晃车轮　　　　　　　　　（b）转动车轮

图 3-2　检查车轮轴承

二、轮胎检查

（一）轮胎检查的作用

轮胎是汽车行驶系统的重要部件，轮胎气压，轮胎的龟裂、损伤、有无金属嵌入物及其他异物情况，轮胎花纹的深度，轮胎的异常磨损，轮圈和轮盘的损坏、腐蚀、变形等都对汽车安全性和舒适性有很大影响。另外，四个车轮的轮胎气压不一致会造成汽车在行驶过程中跑偏。因此，需要对轮胎进行日常检查和定期检查。

（二）轮胎检查的工作内容

（1）检查轮胎气压。

（2）检查轮胎有无金属嵌入物及其他异物。

（3）检查胎壁和胎面有无裂纹、割痕、龟裂或其他损坏。

（4）检查轮胎花纹的深度、异常磨损。

（5）检查轮圈和轮盘有无损坏、腐蚀、变形。

（三）轮胎检查的方法和技术要求

检查轮胎可以采用就车检查和离车检查两种方式，在定期检查轮胎时，采用离车检查方式。使用气动扳手按对角交叉的顺序分两次拆卸车轮螺母，如图3-3所示。若使用扭力扳手拆卸车轮螺母，则按照图3-4所示的方向拆卸。轿车的车轮螺母一般为4~6个，其拆装顺序如图3-5所示。

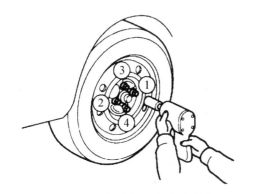

图3-3 用气动扳手拆卸车轮螺母

图3-4 使用扭力扳手拆卸车轮螺母

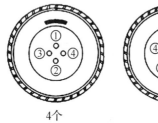 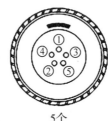 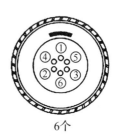

4个　　　　　5个　　　　　6个

图3-5 轿车车轮螺母的拆装顺序

除检查轮胎气压，轮胎有无金属嵌入物及其他异物，轮胎花纹的深度，轮圈和轮盘有无损坏、腐蚀、变形外，还应对轮胎的异常磨损进行检查。

轮胎的异常磨损是指不均匀磨损，如轮胎中间磨损、轮胎两侧磨损、轮胎单侧磨损（内侧或外侧）、轮胎局部磨损及轮胎碟片状磨损等，如图3-6所示。

（1）轮胎胎面中部磨损严重，胎纹磨光。

导致这种现象的主要原因是轮胎气压长期偏高、轮胎胎面过宽、轮辋过窄，轮胎的磨损主要由胎面中部承担。

（a）轮胎中间磨损　（b）轮胎两侧磨损　（c）轮胎单侧磨损　（d）轮胎局部磨损　（e）轮胎碟片状磨损

图 3-6　轮胎的异常磨损

（2）轮胎胎面两侧磨损严重，胎缘磨光。

导致这种现象的主要原因是轮胎气压长期偏低或汽车超载、轮胎胎面过窄、轮辋过宽，轮胎的磨损主要由胎面两侧承担。

（3）轮胎胎冠内侧或外侧磨损严重，呈内锥体形或外锥体形。

导致这种现象的主要原因是前轮前束不合乎标准、车轮外倾角过大或过小、汽车频繁地急转弯、轮胎长期没有换位。

（4）轮胎胎面花纹局部磨损。

导致这种现象的主要原因是紧急制动使车轮抱死或快速起步使车轮打滑。

（5）轮胎胎面圆周方向呈波浪状或碟片状磨损。

导致这种现象的主要原因是轮辋变形、车轮不平衡、轮毂轴承因磨损而变得松旷、前轮定位参数不正确、主销后倾角过小。

三、制动拖滞检查

（一）制动拖滞检查的作用

制动拖滞对制动器的制动效能、车辆的行驶安全有很大影响，所以在制动器装配完毕后，应对其进行调整，不得有制动拖滞且车轮能自由地转动。

（二）制动拖滞检查的方法和技术要求

制动拖滞检查如图 3-7 所示。

（1）拉起、放下驻车制动器，重复几次后拉起驻车制动器，正常情况下，此时后轮制动器应抱死，制动盘转不动。

（2）完全放下驻车制动器，正常情况下，此时应无任何制动拖滞且制动盘能自由地转动。

（3）踩下、松开制动踏板，重复几次后完全踩下制动踏板，正常情况下，此时后轮制

动器已抱死,制动盘转不动。

(4)完全松开制动踏板,正常情况下,此时应无任何制动拖滞且制动盘能自由地转动。

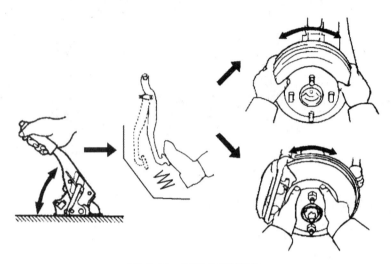

图 3-7 制动拖滞检查

四、盘式制动器检查

(一)盘式制动器检查的作用

制动器是汽车制动系统的重要部件,对于汽车行驶的安全性至关重要。汽车在使用过程中,制动器构成部件的磨损、疲劳、老化、氧化及分解等必然导致制动系统的技术性能下降。只有通过定期、强制维护和必要的修理,才能维持其正常的技术性能。只有定期对制动系统进行维护与保养,才能保证制动系统的正常工作,进而保证行驶安全。

(二)盘式制动器检查的工作内容

小型汽车多采用"前盘后鼓"的制动方式。由于目前使用的盘式制动器和鼓式制动器均装有制动器摩擦片间隙自动调整装置,因此,车轮制动器在使用中,一般不需要调整制动器摩擦片间隙。

在对汽车进行维护与保养时,对盘式制动器重点检查以下内容。

(1)制动器摩擦片的厚度。

(2)制动盘厚度、制动盘的磨损和损坏、制动盘跳动、制动钳处有无制动液泄漏。

(三)盘式制动器检查的方法和技术要求

(1)制动器摩擦片厚度检查。

① 就车检查方法。不拆卸盘式制动器,使用直尺测量外侧制动器摩擦片的厚度,再通过制动钳的检查孔目测内侧制动器摩擦片的厚度,确定其与外侧制动器摩擦片的厚度之间有无明显偏差,如图 3-8 所示。

② 离车检查方法。拆下盘式制动器，使用直尺直接测量内侧、外侧制动器摩擦片的厚度，如图 3-9 所示。当制动器摩擦片的厚度不足 1.0mm 时，需要对其进行更换。

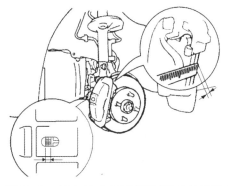
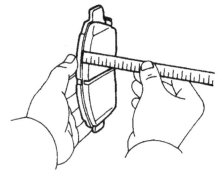

图 3-8　就车检查制动器摩擦片的厚度　　图 3-9　离车检查制动器摩擦片的厚度

（2）制动盘厚度检查。

制动盘随着车辆的行驶会发生磨损，当制动盘被磨损到一定程度后，会使制动盘的刚度和强度降低，造成制动器失效。必须用外径千分尺测量制动盘的厚度（参考值为 19～22mm），如图 3-10 所示。

（3）制动盘磨损和损坏检查。

检查制动盘上是否有刻痕、不均匀或异常磨损、裂纹和其他损坏，如图 3-11 所示。

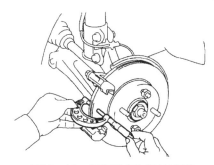
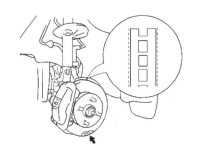

图 3-10　测量制动盘的厚度　　　　图 3-11　检查制动盘的磨损和损坏

（4）制动盘跳动检查。

制动盘出现任何分段、不均匀或异常磨损都会影响行车安全，检查方法是使用磁力表座和百分表测量制动盘跳动（参考值为 0.05mm），如图 3-12 所示。

【注意】使用轮毂螺母临时固定制动盘。测量制动盘跳动之前，检查前轮毂轴承的游隙是否在规定范围内。

（5）制动液泄漏检查。

检查制动钳处是否有制动液泄漏，液压油管是否存在老化、裂纹等损坏，如图 3-13 所示。

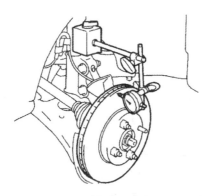

图 3-12 检查制动盘跳动

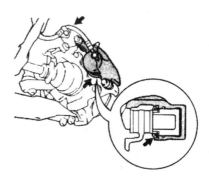

图 3-13 检查制动液有无泄漏

五、鼓式制动器检查

对于鼓式制动器，应重点检查制动器摩擦片磨损（厚度）和损坏、制动分泵及油管的损坏等。

（1）检查鼓式制动器的制动器摩擦片是否移动顺利，如图 3-14 所示。

（2）检查制动器摩擦片与背板、固定件之间的接触面，应无裂痕、烧坏等现象。

（3）用游标卡尺或直尺测量制动器摩擦片的厚度，如图 3-15 所示，标准值为 5.0mm，使用极限为 2.5mm。其铆钉与制动器摩擦片表面之间的距离不得小于 1.0mm。

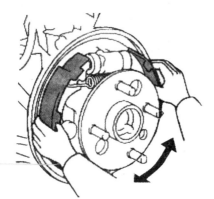

图 3-14 检查制动器摩擦片

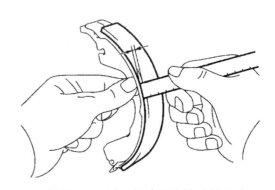

图 3-15 测量制动器摩擦片的厚度

当制动衬片磨损后，制动器摩擦片和制动鼓之间的间隙变大，使制动效力下降。制动时，制动器摩擦片直接接触制动鼓，它会损害制动鼓。因此，需根据汽车的行驶里程或时间长短，进行检查、更换。当制动衬片的剩余厚度小于 1.0mm 时，需对其进行更换。

（4）检查制动分泵是否有漏油现象，表面是否有裂痕、破损、老化等缺陷，如图 3-16 所示。

（5）将后制动器摩擦片表面打磨干净后，靠在后制动鼓上，检查二者的接触面积，应不小于 70%，如图 3-17 所示。

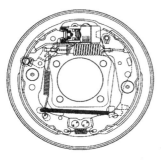

图 3-16 检查制动分泵

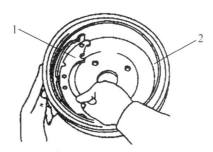

图 3-17 检查接触面积

【注意】如果制动鼓因生锈而被卡在汽车后桥法兰中，可以将直径为 8mm 的螺栓插入两个检查孔中，然后均匀地上紧螺栓将制动鼓顶起，一次上紧一点。为了防止制动鼓损坏，不要施加过大的力。一旦制动鼓被稍微顶起，就松开螺栓并将制动鼓推入。重复该过程直到制动鼓能够被拆卸为止。

如果制动器摩擦片和制动鼓之间的间隙太小或制动鼓已经有分段、条纹磨损，为了松开调节杆，需要在背板后面的检修孔内插入一把螺丝刀转动调节器的调节螺栓，以便收缩制动器摩擦片。

（6）用游标卡尺测量制动鼓的内径（见图 3-18），内径的磨损极限不得超过规定值（1.0mm）。用游标卡尺测量制动器摩擦片的外径，制动器摩擦片的最大外径比制动鼓的内径至少小 1.0mm。

（7）制动分泵检查。

用尖嘴钳或其他工具检查制动分泵的活塞，应转动灵活、伸缩自如，如图 3-19 所示。目测检查油封无泄漏制动液现象，表面无裂痕、破损、老化等缺陷。

图 3-18 测量制动鼓的内径

图 3-19 检查制动分泵的活塞

六、制动液的更换

制动液俗称刹车油，是汽车制动系统的液压介质，因为液体是不能被压缩的，所以从制动总泵输出的压力会通过制动液直接传递至制动分泵之中。制动液具有传递能量、散热、防腐防锈及润滑 4 种作用。

（一）制动液的类型

常见的制动液有蓖麻油-醇型、合成型及矿油型 3 种类型。

（1）蓖麻油-醇型：由精制的蓖麻油（占比为 45%～55%）和低碳醇（乙醇或丁醇，占比为 55%～45%）调配而成，经沉淀获得无色或浅黄色清澈透明的液体，即蓖麻油-醇型制动液。蓖麻油加乙醇得到的制动液为蓖麻油-醇型 1 号制动液，蓖麻油加丁醇得到的制动液为蓖麻油-醇型 3 号制动液。蓖麻油-醇型制动液的优点是原料容易得到，合成工艺简单，产品润滑性好；缺点是沸点低，低温时性质不稳定。

（2）合成型：在醚、醇、酯等中掺入具有润滑、抗氧化、防锈、抗橡胶溶胀等作用的添加剂制成。

（3）矿油型：在精制的轻柴油馏分中加入稠化剂和其他添加剂制成。

（二）制动液的更换方法

（1）用专用工具把制动液储液罐中的旧制动液吸出来，如图 3-20 所示。

（2）把新制动液加入制动液储液罐中，使制动液液位处于制动液储液罐外部标记的最高位，如图 3-21 所示。

图 3-20　吸出制动液储液罐中的旧制动液

图 3-21　加入新制动液

（3）在某一制动分泵的排气螺栓上安装制动液更换工具，把旧制动液吸出来，如图 3-22 所示。

（4）拧紧排气螺栓，拆下制动液更换工具的软管，如图 3-23 所示。

图 3-22　吸出制动分泵中的旧制动液

图 3-23　拧紧排气螺栓

（5）用同样的方法按图 3-24 所示的制动液更换顺序把所有制动分泵中的旧制动液都吸出来。

（6）踩下制动踏板，检查排气螺栓处是否有制动液渗漏，并检查制动液储液罐内制动液的液位是否在标准范围内，更换制动液后，最好将新制动液加注至制动液储液罐外部标记的最高位，如图 3-25 所示。

（7）在更换制动液的整个过程中，始终要保证制动液储液罐内制动液的液位不能低于制动液储液罐外部标记的最低位。

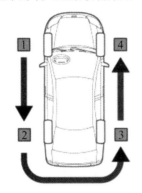

图 3-24　制动液更换顺序

图 3-25　制动液加注位置

七、轮胎对调

（1）轮胎对调的作用。

轮胎对调的作用是"均衡"四个轮胎的磨损。轮胎对调通常每行驶 20000km 进行一次，定期的轮胎对调可以让四个轮胎磨损得更加均匀，防止偏磨问题出现，从而使四个轮胎能够一起更换。

（2）轮胎对调的方法。

轮胎对调要根据轮胎的花纹及车辆的驱动方式来决定，其调换方式如图 3-26 所示。

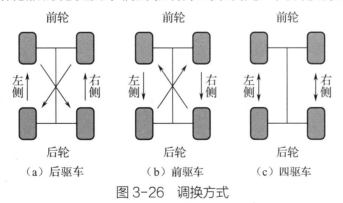

（a）后驱车　　　　（b）前驱车　　　　（c）四驱车

图 3-26　调换方式

① 后驱车：非驱动轮对角换，即左前轮换到右后轮，右前轮换到左后轮；驱动轮垂直更换，即右后轮换到右前轮，左后轮换到左前轮。

② 前驱车：非驱动轮对角换，即右后轮换到左前轮，左后轮换到右前轮；驱动轮垂

直更换，即右前轮换到右后轮，左前轮换到左后轮。

③ 四驱车：垂直前后更换，左前轮与左后轮交换，右前轮与右后轮交换。

八、轮胎安装

将轮胎螺栓孔与车轮固定螺栓对齐，然后将轮胎推到位，用手预带车轮螺母到车轮固定螺栓上，如图 3-27 所示。首先，按对角交叉顺序预紧车轮螺母；然后，将车辆降低，保证轮胎与地面接触，用扭力扳手按照对角交叉顺序（或规定的顺序）将车轮螺母上紧至规定值，如图 3-28 所示。

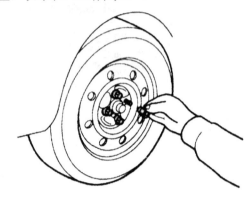
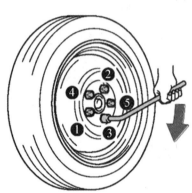

图 3-27　预带车轮螺母　　　　图 3-28　拧紧车轮螺母

九、制动分泵空气排除

若第一次踩下制动踏板时感觉软绵无力，连续踩下数次，制动踏板逐次升高，升高后继续踩下，制动踏板不动并感到有弹力，则表明制动管路中有空气，需要对制动分泵中的空气进行排除，方法如下。

（1）将干净的抹布放在制动总泵下方，以防制动液溢出。

（2）将点火开关置于"OFF"位置且制动系统处于冷态时，踩下制动踏板 3～5 次或连续踩下直到制动踏板的弹力明显增大，以耗尽制动助力器储备的能量。

（3）向制动液储液罐中加注制动液直至制动液储液罐外部标记的最高位，并保证在整个排气过程中，制动液在半罐以上。

（4）取下制动分泵上的排气防尘罩，准备一根透明软管，一端连接制动分泵的放气阀，另一端连接塑料容器。

（5）一人在车内连续踩下制动踏板 3～5 次后，将制动踏板踩下并压住不动。

（6）重复进行上述操作，直至排出的制动液中不含气泡为止，然后补充制动液至规定位置。

（7）制动分泵的排气顺序一般为右后轮—左后轮—右前轮—左前轮。

【注意】不要重复使用从制动系统中排出的制动液。严禁使制动液飞溅到汽车油漆表面，否则会使油漆表面损伤。若制动液飞溅到油漆表面上，则应用水清洗油漆表面。

任务实施

根据表3-1中的技术要求检查车轮轴承、轮胎和制动器。

表 3-1　车轮轴承、轮胎和制动器检查工作表

序号	检查部位	检查项目	技术要求	检查结果
1	车轮轴承	检查有无摆动	符合原厂规定，无过度摆动	
		检查转动状况和噪声	符合原厂规定，转动状况良好，平稳转动，无异常噪声	
2	轮胎	检查轮胎有无裂纹、割痕等	轮胎清洁，胎面无气鼓、裂纹、割痕等损坏	
		检查轮胎有无金属嵌入物或其他异物	轮胎无金属嵌入物或其他异物	
		检查轮胎花纹的深度	符合原厂规定（轮胎花纹的深度不小于1.6mm）	
		检查轮胎有无异常磨损	轮胎无异常磨损	
		检查轮胎气压	符合原厂规定（轮胎标准气压为200～230kPa）	
		检查轮胎是否漏气	气门嘴完好、轮胎不漏气	
		检查轮圈和轮盘	轮圈和轮盘无变形、损坏和腐蚀	
3	制动盘	制动拖滞检查	踩下制动踏板几次，以便使制动器摩擦片下陷，用手转动制动盘，检查是否有拖滞现象	
4	盘式制动器	检查制动器摩擦片的厚度（外侧）	符合原厂规定，制动器摩擦片的剩余厚度不低于1.0mm	
		检查制动器摩擦片的厚度（内侧）	确定其与外侧制动器摩擦片的厚度没有明显偏差	
		盘式制动器拆卸	按照正确的拆卸顺序拆卸制动钳、制动器摩擦片等	
		检查制动器摩擦片有无不均匀磨损	符合原厂规定，磨损均匀	
		检查制动盘有无磨损和损坏	符合原厂规定，制动盘表面无油污、裂纹、沟槽	
		检查制动盘的厚度	符合原厂规定，磨损极限不大于2.0mm，无过度磨损和损坏	
		检查制动盘跳动	跳动小于0.05mm	
		检查制动钳处有无制动液泄漏	符合原厂规定，无制动液泄漏	
		盘式制动器安装	按照正确的安装顺序安装制动器摩擦片和制动钳	

续表

序号	检查部位	检查项目	技术要求	检查结果
5	鼓式制动器	鼓式制动器拆卸	按照正确的拆卸顺序拆卸制动鼓、制动器摩擦片等	
		检查制动器摩擦片的磨损（左侧）	制动器摩擦片表面无油污、裂损，磨损极限值不低于 1.0mm	
		目视检查制动衬片的厚度（右侧）	确定其与左侧制动衬片的厚度之间没有明显偏差	
		检查制动器摩擦片和背板、固定件之间的接触面是否磨损、锈蚀	无磨损和锈蚀	
		检查制动分泵	制动分泵的活塞动作灵活，油封无泄漏	
		检查制动鼓内径	磨损极限参考值不大于 1.0mm	
		测量制动器摩擦片外径	制动器摩擦片的最大外径比制动鼓的内径至少小 1.0mm	
		清洁制动鼓	清洁制动鼓内表面	
6	制动液	更换制动液	抽出制动液储液罐内旧的制动液，在制动液储液罐中加入新的制动液，用制动液更换工具吸出制动分泵内的制动液	
		制动分泵排空气	按照右后轮—左后轮—右前轮—左前轮的顺序排除制动分泵中的空气	
7	轮胎	安装轮胎	正确安装轮胎，注意车轮螺母的安装顺序	

素养与思政

本任务要求分组训练，各小组对所学的理论知识进行巩固学习，在实训操作过程中务必细致严谨，对技术精益求精，弘扬工匠精神，遵守汽车维修行业相关的法律法规，全程实现 7S 现场管理。

中国高铁的巨大成就简述：①运营里程很长，截至 2023 年年底，中国高铁运营里程已经成功达到 45000km，在世界排名中高居首位；②自主创新能力很强，如复兴号动车组列车，其是中国研发的具有自主知识产权的列车；③国际影响力不断提升，中国高铁正凭借实力在世界赢得广泛声誉。

在高铁技术方面，中国领先世界的主要有以下几点。

① 中国已系统掌握了在各种复杂地质及气候条件下进行高铁建设的成套技术，攻克了铁路工程建设领域的一系列世界性技术难题。

② 全面掌握了建造速度为 200～250km/h、300～350km/h 动车组的制造技术，构建了涵盖不同速度等级、成熟完备的高铁技术体系。中国中车股份有限公司在全球高铁市场中占据 69% 份额，成为世界高铁领跑者。

③ 复兴号动车组列车投入运营，装配由中国自主研发的大功率 IGBT（绝缘栅双极型

晶体管）；中国标准动车组所采用的 254 项重要标准中，中国标准占 84%，国际兼容标准占 16%，不同列车可以重联运行。

④ 中国自主研制的 40m 跨千吨运架成套设备投入使用，完成第三次高铁制架技术的突破；京张城际铁路沿线 5G 信号基站全部开通。

请小组各成员讨论：工匠精神包含哪些内容？我们在职业教育阶段如何体现工匠精神？

拓展练习

一、选择题

1．用游标卡尺或直尺测量制动器摩擦片的厚度，标准值为 5.0mm，使用极限为（　　）mm。

A．1.0　　　　　　B．1.5　　　　　　C．2.0　　　　　　D．2.5

2．用磁力表座和百分表测量制动盘跳动，其极限值为（　　）mm。

A．0.1　　　　　　B．0.5　　　　　　C．0.05　　　　　　D．0.01

3．导致轮胎胎面中部磨损严重，胎纹磨光的主要原因是（　　）。

A．轮胎气压长期偏高　　　　　　　　B．轮胎气压长期偏低

C．轮胎气压正常　　　　　　　　　　D．轮辋过宽

4．轮胎对调通常每行驶（　　）km 进行一次，定期的轮胎对调可以让四个轮胎磨损得更加均匀，防止偏磨问题出现。

A．10000　　　　　　B．15000　　　　　　C．20000　　　　　　D．30000

二、判断题

1．常见的制动液有蓖麻油-醇型、合成型、半合成型及矿油型 4 种类型。（　　）

2．汽车正常行驶也会引起车轮轴承正常和非正常磨损。（　　）

3．盘式制动器和鼓式制动器均装有制动器摩擦片间隙自动调整装置，因此，制动器在使用中，一般不需要调整制动器摩擦片间隙。（　　）

4．制动液俗称刹车油，具有传递能量、散热、防腐防锈及润滑 4 大作用。（　　）

5．轮胎对调的作用是"均衡"四个轮胎的磨损。通常每行驶 20000km 进行一次轮胎对调。（　　）

三、问答题

简述轮胎对调的方法。

技能考核

根据表 3-2 完成检查轮胎及更换制动液技能考核，时间为 30 分钟。

表 3-2 检查轮胎及更换制动液

序号	考核内容	配分/分	具体内容	考核记录	扣分	得分
1	考前准备（2分）	2	备齐所需的工具、量具及设备			
2	车轮轴承检查（10分）	4	检查有无摆动			
		3	检查转动状况和噪声			
		3	拆卸车轮（左前轮、右后轮）			
3	轮胎检查（20分）	3	检查有无裂纹、割痕等			
		2	检查有无金属嵌入物或其他异物			
		3	检查轮胎花纹的深度			
		3	检查轮胎有无异常磨损			
		4	检查轮胎气压			
		2	检查轮胎是否漏气			
		3	检查轮圈和轮盘			
4	盘式制动器检查（20分）	3	检查制动器摩擦片的厚度（外侧）			
		3	检查制动器摩擦片的厚度（内侧）			
		2	盘式制动器拆卸			
		2	检查制动器摩擦片有无不均匀磨损			
		2	检查制动盘有无磨损和损坏			
		3	检查制动盘的厚度及跳动			
		2	检查制动钳处有无制动液渗漏			
		3	盘式制动器安装			
5	更换制动液（15分）	2	抽出制动液储液罐内旧的制动液			
		2	在制动液储液罐中加入新的制动液			
		3	连接制动液更换工具			
		4	进行制动液更换			
		4	拧紧排气螺栓，拆下制动液更换工具的软管，并检查渗漏情况			
6	轮胎安装（15分）	3	将轮胎安装至车轮固定螺栓上			
		4	用手将车轮螺母拧3～5圈			
		3	预紧车轮螺母			
		5	将整车降至地面后，用扭力扳手按规定的力矩拧紧车轮螺母			
7	基础理论知识（5分）	5	回答正确、书写工整，按时全部完成			

续表

序号	考核内容	配分/分	具体内容	考核记录	扣分	得分
8	职业素养（13分）	5	课堂纪律			
		5	文明操作及职业素养			
		3	7S 现场管理			
9	时间要求		每超过 1 分钟扣 1 分，超过 10 分钟者不予及格			
	合计	100	总得分			

综合技能训练

赵先生开他的小轿车去 4S 店，和售后服务人员说："我的车在紧急制动时，制动距离比原来长了近一倍，请安排维修人员帮忙检查一下，顺便帮忙更换制动器摩擦片及制动液。"请各小组根据所学知识制定维修方案，并根据维修方案对车辆进行维护与保养。

一、问诊

根据客户需求，按要求填写车辆检查问诊单（见表 3-3）。

二、任务分配

教师将学生分成若干小组，每组 6 人并选出一名组长，组长负责对组员进行任务分配，组员按照组长的要求完成相应的任务，并将所完成的任务内容填入表 3-4。

表 3-3　车辆检查问诊单

客户姓名		车牌		
客户电话		车型		
维修人员		车架号		
预计交车时间		行驶里程		燃油表显示
外观确认 □ 划伤 ○ 擦伤 ◎ 碰伤 ◇ 凹陷 △ 脱落		仪表故障信息： 其他：		

续表

客户需求	走保（磨合期检查）	
	5000km 保养	
	_____km 保养	
维护与保养项目		
维护与保养项目已确认，并已将现金及贵重物品从车内取走		
客户签字		维修人员签字	

表 3-4　个人任务工作表

序号	任务描述	个人任务	完成情况	教师或组长检验结果
1	赵先生开他的小轿车去 4S 店，和售后服务人员说："我的车在紧急制动时，制动距离比原来长了近一倍，请安排维修人员帮忙检查一下，顺便帮忙更换制动器摩擦片及制动液。"请根据所学知识制定维修方案，并根据维修方案对车辆进行维护与保养			
2				
3				
4				
5				
6				

三、制定维修方案并实施

根据客户需求（或汽车的行驶里程）制定维修方案并实施，按要求填写表 3-5。

表 3-5　任务单

序号	项目	检查内容	技术标准（要点）	检查结果
1	拆卸车轮	车轮拆卸	按对角交叉顺序拆卸车轮	
2	轮胎	检查有无裂纹、割痕等	轮胎清洁，胎面无气鼓、裂纹、割痕等损坏	
		检查有无金属嵌入物或其他异物	轮胎无金属嵌入物或其他异物	
		检查轮胎花纹的深度	符合原厂规定（轮胎花纹的深度不小于 1.6mm）	
		检查轮胎有无异常磨损	轮胎无异常磨损	

续表

序号	项目	检查内容	技术标准（要点）	检查结果
		检查轮胎气压	符合原厂规定（轮胎标准气压为 200～230kPa）	
		检查轮胎是否漏气	气门嘴完好，轮胎不漏气	
		检查轮圈和轮盘	轮圈和轮盘无变形、损坏和腐蚀	
3	制动拖滞检查	制动拖滞检查	踩下制动踏板几次，以便使制动器摩擦片下陷，用手转动制动盘，检查是否有拖滞现象	
4	盘式制动器	检查制动器摩擦片的厚度（外侧）	符合原厂规定，制动器摩擦片的剩余厚度不低于 1.0mm	
		检查制动器摩擦片的厚度（内侧）	确定其与外侧制动器摩擦片的厚度之间没有明显偏差	
		盘式制动器拆卸	按照正确的拆卸顺序拆卸制动钳、制动器摩擦片等	
		检查制动器摩擦片有无不均匀磨损	符合原厂规定，磨损均匀	
		检查制动盘有无磨损和损坏	符合原厂规定，表面无油污、裂纹、沟槽	
		检查制动盘的厚度	符合原厂规定，磨损极限不大于 2.0mm，无过度磨损和损坏	
		检查制动盘的跳动	符合原厂规定，参考值：小于 0.05mm	
		检查制动钳处有无制动液泄漏	符合原厂规定，无制动液泄漏	
		盘式制动器安装	按照正确的安装顺序安装制动器摩擦片和制动钳	
5	制动液	更换制动液	抽出制动液储液罐内旧的制动液，在制动液储液罐中加入新的制动液，连接制动液更换工具吸出制动分泵内的制动液	
		制动分泵排空气	按照由远及近，即右后轮—左后轮—右前轮—左前轮的顺序排除制动分泵中的空气	
6	轮胎安装	安装轮胎	正确安装轮胎，注意车轮螺母的安装顺序	

四、任务评价

根据表 3-6 中的评价内容进行自我评价、相互评价、教师评价，并填写表 3-6。

表 3-6 任务评价表

评价内容		自我评价（打分）	相互评价（打分）	教师评价（打分）
·信息收集（15 分）	任务或问题的理解程度（5 分）			
	收集信息的完整性（5 分）			
	对信息的领会程度（5 分）			

汽车维护与保养　一体化教材

续表

评价内容		自我评价（打分）	相互评价（打分）	教师评价（打分）
制定维修方案（20分）	维修方案制定的参与程度（10分）			
	维修方案的合理性及实用性（10分）			
修改维修方案（15分）	和教师讨论维修方案（5分）			
	和教师讨论后，是否知道如何改进维修方案（5分）			
	修改后的维修方案的完整性（5分）			
实施（20分）	是否按维修方案实施操作（5分）			
	是否亲自实施维修方案（5分）			
	是否记录实施过程及结果（10分）			
检查（15分）	是否按维修方案的要求完成任务（5分）			
	是否达到预期目标（5分）			
	整个工作流程是否与标准流程相符（5分）			
评价（15分）	是否完成了任务或解决了问题（5分）			
	在哪个环节上可以改进（2分）			
	学习小组的合作情况（3分）			
	7S现场管理及工作纪律（5分）			
总评（100分）				

项目四

整车举升高位维护与保养

📖 项目描述

  张老师买了一辆混合动力汽车,行驶 60000km 后开去 4S 店进行定期维护与保养,维修人员在不同的举升位置对车辆进行了仔细检查,在水平位置和举升中位检查完成后,将车辆举升至高位。本项目主要介绍整车举升高位时所做的维护与保养项目及检查方法。

任务一 汽车底盘各总成及紧固件检查

 知识目标

1. 能说出汽车底盘各总成及紧固件检查的作用。
2. 能说出汽车底盘各总成及紧固件检查的方法。
3. 能说出汽车底盘各总成及紧固件检查的技术要求。

 能力目标

1. 能按标准流程检查汽车底盘各总成。
2. 能按标准流程检查并紧固汽车底盘的紧固件。

 思政目标

1. 通过对汽车底盘各总成及紧固件的检查,培养学生精雕细刻、一丝不苟的工匠精神。
2. 以制动管路故障所引起的交通事故为警示案例,培养学生良好的职业操作规范。
3. 通过认真对待每台汽车的维护与保养项目,培养学生诚实有信的人生价值观。

任务引入

汽车底盘出现故障可能导致汽车行驶异常、转向异常、车身侧倾等,存在一定的安全隐患,危害车主的经济利益和人身安全。因此,在对车辆进行维护与保养时,必须严格按照标准流程对汽车底盘各总成及紧固件进行检查。本任务介绍整车举升高位时进行的汽车底盘各总成及紧固件检查。

相关知识

一、汽车底盘各总成检查

(一)汽车底盘各总成检查的作用

汽车底盘各总成实际上是汽车底盘的各组成部分,汽车底盘接收发动机传递来的动力,使汽车产生运动,由传动系统、行驶系统、转向系统和制动系统等组成。这些系统出现故障将影响汽车的动力性、经济性和行驶安全性,甚至有可能导致严重事故。例如,若

传动系统出现故障，则动力无法传递；若制动系统出现故障，则汽车不能进行行车制动、应急制动和驻车制动等。因此，需定期做汽车底盘各总成外部泄漏情况和安装件检查。

汽车底盘上的各总成基本上是通过螺栓连接组成一个整体的，汽车底盘是受力最大且离地面最近的部位，地表温度、沙石、雨、雪、泥污等都会对汽车底盘造成损伤，使汽车底盘上的螺母和螺栓松动。检查时，整车举升位置如图4-1所示。

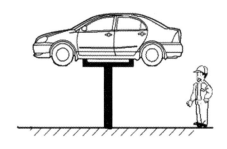

图4-1 整车举升位置

（二）汽车底盘各总成检查的工作内容

1. 发动机传动带

①检查发动机传动带的张紧度；②检查发动机传动带的整个外围是否有磨损、裂纹、层离或其他损坏。

2. 驱动轴防尘套

①检查驱动轴防尘套是否有裂纹或其他损坏；②检查驱动轴防尘套外部是否有润滑脂渗漏。

3. 转向传动机构

①检查转向传动机构有无松动和摆动；②检查转向传动机构有无弯曲和损坏；③检查球头防尘罩是否损坏。

4. 动力转向系统

①检查动力转向液是否渗漏；②检查动力转向橡胶软管是否有裂纹和其他损坏。

5. 制动管路

①检查制动管路的连接部分是否有制动液渗漏；②检查制动管路是否有凹痕或其他损坏；③检查制动软管是否有扭曲、磨损、开裂、隆起等现象；④检查制动管路的安装状况。

6. 燃油管路

①检查燃油管路是否渗漏；②检查燃油管路是否损坏。

7. 排气管及安装件

①检查排气管、消声器、垫片是否损坏；②检查排气管支架上的O形圈是否损坏或脱离；③检查排气管是否渗漏。

8. 悬架

①检查转向节、减振器、螺旋弹簧、稳定杆、下摆臂等是否损坏；②检查减振器是否漏油；③检查悬架接头上的连接衬套是否有磨损或裂纹，有无摆动。

（三）汽车底盘各总成及紧固件的检查的方法和技术要求

1. 发动机传动带

发动机传动带将曲轴的旋转运动传递到发电机、水泵、动力转向油泵和空调压缩机等装置，使这些装置能正常工作，发动机传动带损坏和松弛都会影响汽车的正常行驶。

（1）检查发动机传动带的张紧度。

用拇指强力地按压 2 个皮带轮中间的发动机传动带，按压力为 200N 左右，如图 4-2 所示。如果发动机传动带的压下量为 10mm 左右，则认为发动机传动带的张紧度合适。

（2）检查发动机传动带的整个外围是否有磨损、裂纹、层离或其他损坏。

目测检查发动机传动带的整个外围是否有磨损、裂纹、层离或其他损坏。

图 4-2　检查发动机传动带

2．驱动轴防尘套

（1）检查驱动轴防尘套是否有裂纹或其他损坏。

驱动轴是车辆正常保养必不可缺的检查项目。驱动轴（半轴）是差速器与驱动轮之间传递扭矩的实心轴，其内端通过花键与差速器半轴齿轮连接，外端与轮毂连接，内、外端均装有驱动轴防尘套。驱动轴防尘套由卡箍固定安装。

驱动轴防尘套的作用是保护驱动轴不被外界的泥水、沙石等腐蚀，以延长驱动轴的使用寿命。

在汽车底部进行驱动轴防尘套检查，用手挤压防尘套，目测检查驱动轴防尘套是否有裂纹或其他损坏。

（2）检查驱动轴防尘套外部是否有润滑脂渗漏。

驱动轴防尘套内填充着起润滑作用的润滑脂。一旦驱动轴防尘套破损，润滑脂就会飞溅出来或有泥水进入，不能起到润滑作用。因此，需定期做驱动轴防尘套检查。

在汽车底部对驱动轴防尘套进行检查，目测检查驱动轴防尘套外部是否有润滑脂渗漏，如图 4-3 所示。

3．转向传动机构

汽车转向系统对汽车的行驶安全至关重要，转向系统由方向盘、转向器和转向传动机构组成。若转向系统不正常（如转向传动机构松动、摆动或弯曲），则汽车不能直线行驶或转向轨迹与正常转向轨迹相比变大或变小。另外，球头防尘罩损坏会造成球头磨损加剧，从而使转向传动机构松动或摆动。

在汽车底部检查球头防尘套有无老化、破裂，转向传动机构有无松动、摆动，如图 4-4 所示。

图 4-3　检查驱动轴防尘套

图 4-4　检查转向传动机构

4．动力转向系统

为了降低汽车驾驶员操作的疲劳程度，减少路面对方向盘的振动响应，现代汽车普遍采用动力转向系统，其是在机械转向系统的基础上加设一套依靠输出发动机动力（压缩空气、电力和液压）的转向加力装置而形成的。现代汽车的动力转向系统大多数采用动力源为液压的齿轮条式动力转向机构。由转向油泵产生的动力转向液总是在动力转向系统内流动，尤其是在转向时，动力转向液的压力会更大，动力转向液渗漏是常见的问题。因此，需定期做动力转向系统检查。

在汽车底部进行动力转向系统检查，查看动力转向橡胶软管是否有裂纹和其他损坏，如图 4-5 所示。

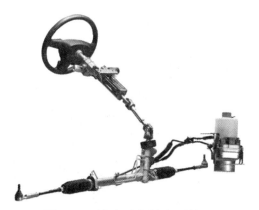

图 4-5　检查动力转向系统

5．制动管路

制动系统是汽车上最重要的系统之一。它的作用是按照需要使汽车减速或在最短的距离内停车，使汽车在保证安全的前提下尽量发挥出高速行驶的性能。制动管路是制动系统的重要组成部分，为制动系统输送制动液。制动管路有故障可能会导致意外事故，因此对制动管路进行检查是必要的。

在汽车底部对制动管路的制动液渗漏、损坏和安装状况进行检查，如图4-6所示。

① 检查制动管路的连接部分是否有制动液渗漏。

② 检查制动管路是否有凹痕或者其他损坏。

③ 检查制动软管是否有扭曲、磨损、开裂、隆起等现象。

④ 检查制动管路的安装状况。

检查制动管路时需手动转动轮胎直到方向盘被完全转向一侧，确保车辆运动或者方向盘完全转动到任何一侧时，制动管路不会因为振动而与车轮或者车身接触。如图 4-7 所示。

图 4-6　检查制动管路 1　　　　　　　图 4-7　检查制动管路 2

6. 燃油管路

燃油管路是汽车燃油供给系统的组成部分，为发动机输送燃油。燃油管路发生故障（如渗漏、损坏）将影响发动机的正常工作，甚至发生自燃事故。因此，需对燃油管路进行定期检查。

在汽车底部进行燃油管路检查，如图4-8所示。

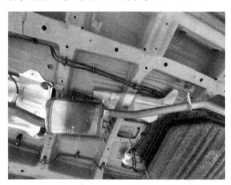

图 4-8　检查燃油管路

7. 排气管及安装件

排气管及安装件是汽车燃油供给系统的组成部分，为发动机排出燃烧废气。排气管及安装件有故障（如渗漏、损坏）会造成废气泄漏，发出刺耳的噪声。

在汽车底部进行排气管及安装件的渗漏、损坏及安装情况检查，如图4-9所示。

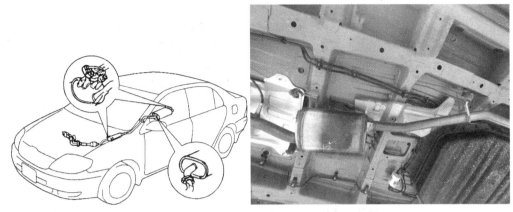

图 4-9　检查排气管及安装件

8. 悬架

悬架是保证乘坐舒适性的重要部件，也是保证汽车安全行驶的重要部件。悬架作为车架（或车身）与车轴（或车轮）之间的传力机件，如果发生故障（如转向节、减振器、螺旋弹簧、稳定杆、下摆臂等损坏），那么就会造成汽车乘坐舒适性和操纵稳定性变差。因此，需对悬架进行定期检查。

（1）在汽车底部按图 4-10 所示进行转向节、减振器、螺旋弹簧、稳定杆、下摆臂等的检查。

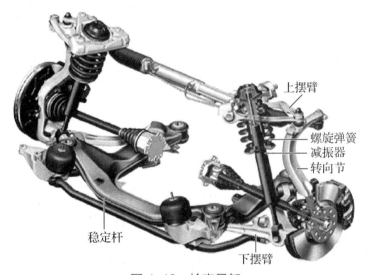

上摆臂
螺旋弹簧
减振器
转向节
稳定杆
下摆臂

图 4-10　检查悬架

（2）检查减振器有无损坏和漏油。

减振器内部是盛满油液的，一旦有漏油现象，就说明减振器已损坏。减振器内部应不漏油，各部分可靠紧固，减振作用良好，缓冲防尘罩及各橡胶衬套无损坏、开裂；下摆臂球头和衬套相匹配，无松动，如图 4-11 所示。

（3）检查悬架接头上连接衬套的磨损情况，是否有裂纹和摆动，如图 4-12 所示。

图 4-11　检查减振器

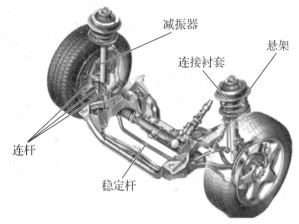

减振器

悬架

连接衬套

连杆

稳定杆

图 4-12　检查悬架接头上的连接衬套

（4）检查右前轮制动钳、制动软管有无漏油、渗油，制动管路有无老化，如图 4-13 所示。

（5）检查右前轮下摆臂球头有无松动，如图 4-14 所示。

图 4-13　检查右前轮制动钳及制动管路

图 4-14　检查右前轮下摆臂球头

（6）检查右前轮下摆臂与车身连接铰链的胶套有无老化、破裂、松动，如图 4-15 所示。

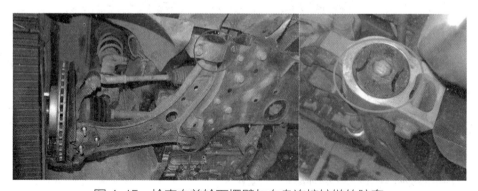

图 4-15　检查右前轮下摆臂与车身连接铰链的胶套

（7）检查右前轮转向外球头防尘套有无渗油、老化、破裂，外球头有无松动，如图 4-16 所示。

（8）检查右前轮转向横拉杆有无变形，内球头有无松动，如图 4-17 所示。

图 4-16　检查右前轮转向外球头防尘套

图 4-17　检查右前轮转向横拉杆

（9）检查右前轮转向器防尘套有无渗油、漏油、破裂，如图 4-18 所示。

（10）检查右前轮稳定杆连杆上下球头防尘套有无老化、破裂，球头有无松动，如图 4-19 所示。

图 4-18　检查右前轮转向器防尘套

图 4-19　检查右前轮稳定杆连杆上下球头防尘套

（11）检查右前轮稳定杆连接胶套有无老化、破裂、松动，如图 4-20 所示。

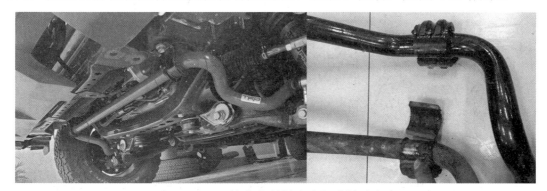

图 4-20　检查右前轮稳定杆连接胶套

（12）检查右前轮半轴球笼防尘套（外侧、内侧）有无渗油、漏油、破裂现象，如图 4-21、图 4-22 所示。

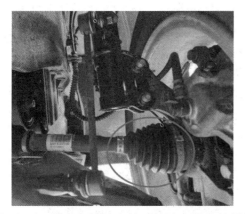

图 4-21　检查右前轮半轴球笼防尘套（外侧）　　图 4-22　检查右前轮半轴球笼防尘套（内侧）

（13）检查右前轮半轴油封有无渗油、漏油、破裂，如图 4-23 所示。

（14）检查变速器各配合面及放油螺栓有无渗油、漏油，如图 4-24 所示。

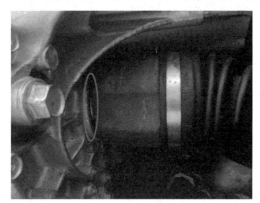

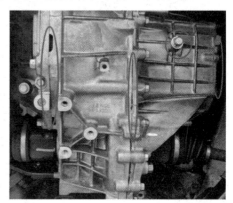

图 4-23　检查右前轮半轴油封　　　　图 4-24　检查变速器各配合面及放油螺栓

（15）检查发动机各配合面及放油螺栓有无渗油、漏油，如图 4-25 所示。

（16）检查转向器有无松动，油管有无漏油、渗油，如图 4-26 所示。

图 4-25　检查发动机各配合面及放油螺栓　　　　图 4-26　检查转向器、油管

（17）检查左前轮悬架系统，检查项目与右前轮相同。

（18）检查排气管各连接口处有无漏气，螺栓有无松动，橡胶吊耳有无脱落、老化、断裂等，如图 4-27 所示。

（19）检查消声器是否破损并做好记录，如图4-28所示。

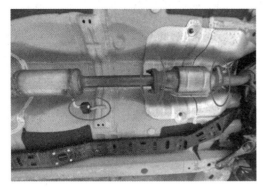

图4-27　检查排气管各连接口

图4-28　检查消声器

（20）检查制动管路、燃油管路、活性炭罐气管有无渗油、漏油、变形，固定扣有无缺失、松动等，如图4-29、图4-30所示。

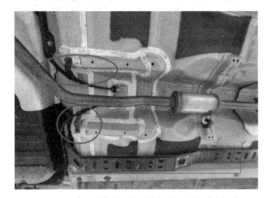

图4-29　检查制动管路、燃油管路

图4-30　检查活性炭罐气管

（21）检查燃油滤清器与燃油管路的接头处有无渗油、漏油，燃油管路有无老化、破裂等，如图4-31所示。

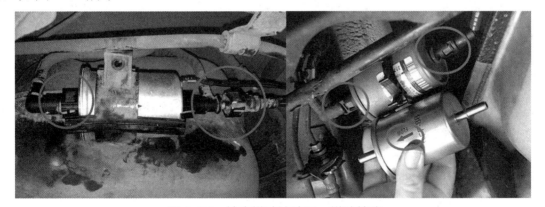

图4-31　检查燃油滤清器、燃油管路

（22）检查右后轮制动钳、制动软管有无漏油、渗油，制动管路有无老化，如图4-32所示。

（23）检查右后轮悬架下摆臂各连接胶套有无老化、破裂、松动，如图4-33所示。

图 4-32　检查右后轮制动钳及制动管路

图 4-33　检查右后轮悬架下摆臂各连接胶套

（24）检查左后轮横摆臂各连接胶套有无老化、破裂、松动，如图 4-34 所示。

（25）检查右后轮横摆臂各连接胶套有无老化、破裂、松动，如图 4-35 所示。

图 4-34　检查左后轮横摆臂各连接胶套

图 4-35　检查右后轮横摆臂各连接胶套

（26）检查左后轮纵摆臂各连接胶套有无老化、破裂、松动，如图 4-36 所示。

（27）检查右后轮纵摆臂各连接胶套有无老化、破裂、松动，如图 4-37 所示。

图 4-36　检查左后轮纵摆臂各连接胶套

图 4-37　检查右后轮纵摆臂各连接胶套

二、紧固件检查

（一）紧固件检查的作用

汽车底盘的作用是支承、安装汽车发动机及其各部件、总成，车身大部分零部件是通过螺栓连接到汽车底盘上的，汽车底盘上承受的各种力都会通过连接汽车底盘的螺栓进行

传递，螺栓通常要承受剪切、受拉、受压等应力的作用，地表温度、沙石、雨、雪、泥污等都会对螺栓造成损伤，所以底盘螺栓必须定期检查。

（二）紧固件检查的工作内容

（1）底盘螺母和螺栓检查。

（2）前悬架螺母和螺栓检查。

（3）转向横拉杆锁止螺母检查。

（4）后悬架螺母和螺栓检查。

（5）其他螺母和螺栓检查。

（三）紧固件的检查方法和技术要求

1．底盘螺母和螺栓检查

底盘螺母和螺栓的连接如图 4-38 所示，所检查的螺母、螺栓如下。

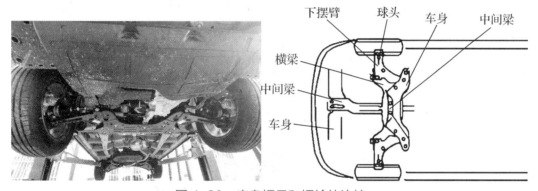

图 4-38　底盘螺母和螺栓的连接

（1）中间梁和车身连接的螺母和螺栓。

（2）中间梁和横梁连接的螺母和螺栓。

（3）球头和下摆臂连接的螺母和螺栓。

（4）横梁和车身连接的螺母和螺栓。

（5）下摆臂和横梁连接的螺母和螺栓。

2．前悬架螺母和螺栓检查

前悬架螺母和螺栓的连接如图 4-39 所示，所检查的螺母、螺栓如下。

（1）悬架臂和前悬架横梁连接的螺母和螺栓。

（2）球头和悬架臂连接的螺母和螺栓。

（3）前悬架横梁和车身连接的螺母和螺栓。

（4）前制动钳和转向节连接的螺母和螺栓。

（5）前减振器和转向节连接的螺母和螺栓。

（6）稳定杆和悬架臂连接的螺母和螺栓。

（7）前悬架横梁和车身连接件连接的螺母和螺栓。

（8）转向机壳和前悬架横梁连接的螺母和螺栓。

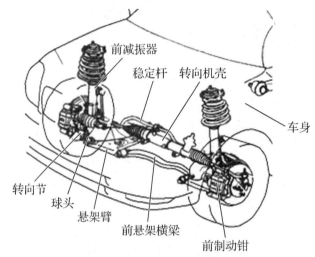

图 4-39　前悬架螺母和螺栓的连接

3. 转向横拉杆锁止螺母检查

转向横拉杆锁止螺母的连接如图 4-40 所示，所检查的螺母、螺栓如下。

（1）转向横拉杆端头的锁止螺母。

（2）转向横拉杆端头和转向节连接的螺母和螺栓。

图 4-40　转向横拉杆锁止螺母的连接

4. 后悬架螺母和螺栓检查

后悬架螺母和螺栓的连接如图 4-41 所示，所检查的螺母、螺栓如下。

（1）拖臂和背板连接的螺母和螺栓。

（2）后桥横梁总成和车身连接的螺母和螺栓。

（3）制动分泵和背板连接的螺母和螺栓。

（4）后减振器和后桥横梁总成连接的螺母和螺栓。

5. 其他螺母和螺栓检查

其他螺母和螺栓检查的主要内容是排气管、油箱螺母和螺栓，排气管、油箱螺母和螺栓的连接如图 4-42 所示，所检查的螺母、螺栓如下。

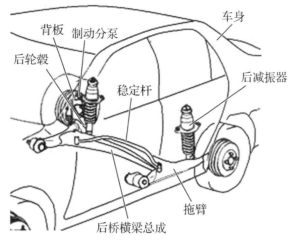

图 4-41　后悬架螺母和螺栓的连接

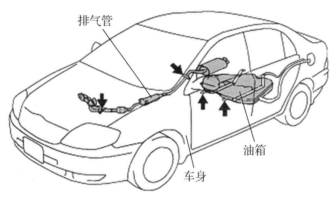

图 4-42　排气管、油箱螺母和螺栓的连接

（1）排气管和车身连接的螺母和螺栓。

（2）油箱和车身连接的螺母和螺栓。

任务实施

一、汽车底盘各总成检查

根据表 4-1 中的技术要求检查汽车底盘各总成。

表 4-1　汽车底盘各总成检查工作表

序号	检查部位	检查项目	技术要求	检查结果
1	发动机传动带	检查是否变形	无变形	
		检查是否损坏（磨损、裂纹、脱层或其他损坏）	无龟裂、过量磨损、裂纹、脱层或其他损坏，表面无油污	
		发动机传动带张紧度检查	符合原厂规定（在 98N 的压力作用下，旧发动机传动带的挠度为 10～15mm，新发动机传动带的挠度为 8～10mm）	

续表

序号	检查部位	检查项目	技术要求	检查结果
2	驱动轴护尘套	检查是否有裂纹、损坏（外侧）	无裂纹、损坏	
		检查是否有裂纹、损坏（内侧）	无裂纹、损坏	
		检查是否有润滑脂渗漏（外侧）	无渗漏	
		检查是否有润滑脂渗漏（内侧）	无渗漏	
3	转向传动机构	检查转向传动机构是否松动和摆动	符合原厂规定，无过度松动和摆动	
		检查转向传动机构是否弯曲和损坏	符合原厂规定，无弯曲和损坏	
		检查球头防尘套是否有裂纹和损坏	符合原厂规定，无裂纹和损坏	
4	制动管路	检查制动管路的连接部分是否有制动液渗漏	制动管路的连接部分无制动液渗漏	
		检查制动管路有无压痕或其他损坏	制动管路无压痕或其他损坏	
		检查制动软管有无扭曲、磨损、开裂和隆起等	制动软管无扭曲、磨损、开裂和隆起	
		检查制动管路的安装状况	制动管路与车轮或车身不接触，并且不被拉得很紧	
5	燃油管路	检查燃油管路是否渗漏	燃油管路无渗漏	
		检查燃油管路是否损坏	燃油管路无老化、裂损，接头处无破损、渗漏，紧固可靠	
6	排气管及安装件	检查排气管是否损坏	排气管各部分完好，衬垫齐全，无裂纹，不漏气	
		检查消声器是否损坏	消声器各部分完好，衬垫齐全，无裂纹，不漏气，性能良好	
		检查排气管的橡胶吊耳是否损坏或脱落	排气管安装可靠，橡胶吊耳无脱落或损坏	
		检查密封垫片是否损坏	密封垫片无损坏	
		检查排气管是否渗漏	排气管无渗漏	
7	悬架	检查转向节是否损坏	1. 减振器不漏油，各部分可靠紧固，减振作用良好，缓冲防尘罩及各橡胶衬套无损坏、开裂，下摆臂球头和衬套相匹配，无松动。 2. 前减振器上自锁螺母的拧紧力矩为45～55N·m，前悬架上支座自锁螺母的拧紧力矩为15～22N·m，下摆臂与车身连接自锁螺母的拧紧力矩为 80～108N·m，支撑杆与支架自锁螺母的拧紧力矩为45～60N·m	

续表

序号	检查部位	检查项目	技术要求	检查结果
		检查前、后减振器是否损坏	无损坏，定位可靠	
		检查前、后减振器是否渗漏	无渗漏	
		检查前、后减振器的螺旋弹簧是否损坏	无损坏	
		检查下摆臂是否损坏	无损坏	
		检查稳定杆是否损坏	无凹陷、裂纹或其他损伤	
		检查拖臂和后桥是否损坏	无损坏	

二、紧固件检查

根据表 4-2 中的技术要求检查紧固件。

表 4-2　紧固件检查工作表

序号	检查部位	检查项目	技术要求	检查结果
1	底盘螺母和螺栓	中间梁和车身连接的螺母和螺栓	用扭力扳手按规定力矩（参考值为 14N·m）进行紧固	
		中间梁和横梁连接的螺母和螺栓	用扭力扳手按规定力矩（参考值为 17N·m）进行紧固	
		球头和下摆臂连接的螺母和螺栓	用扭力扳手按规定力矩（参考值为 95N·m）进行紧固	
		横梁和车身连接的螺母和螺栓	用扭力扳手按规定力矩（参考值为 105N·m）进行紧固	
		下摆臂和横梁连接的螺母和螺栓	用扭力扳手按规定力矩（参考值为 100N·m）进行紧固	
2	前悬架螺母和螺栓	悬架臂和前悬架横梁连接的螺母和螺栓	用扭力扳手按规定力矩（参考值为 127N·m）进行紧固	
		球头和悬架臂连接的螺母和螺栓	用扭力扳手按规定力矩（参考值为 89N·m）进行紧固	
		前悬架横梁和车身连接的螺母和螺栓	用扭力扳手按规定力矩（参考值为 132N·m）进行紧固	
		前制动钳和转向节连接的螺母和螺栓	用扭力扳手按规定力矩（参考值为 88N·m）进行紧固	
		前减振器和转向节连接的螺母和螺栓	用扭力扳手按规定力矩（参考值为 132N·m）进行紧固	
		稳定杆和悬架臂连接的螺母和螺栓	用扭力扳手按规定力矩（参考值为 18N·m）进行紧固	
		前悬架横梁和车身连接件连接的螺母和螺栓	用扭力扳手按规定力矩（参考值为 47N·m）进行紧固	
		转向机壳和前悬架横梁连接的螺母和螺栓	用扭力扳手按规定力矩（参考值为 127N·m）进行紧固	

续表

序号	检查部位	检查项目	技术要求	检查结果
3	转向横拉杆锁止螺母	转向横拉杆端头的锁止螺母	手动检查（参考力矩为47N·m）	
		转向横拉杆端头和转向节连接的螺母和螺栓	手动检查（参考力矩为33N·m）	
4	后悬架螺母和螺栓	拖臂和背板连接的螺母和螺栓	用扭力扳手按规定力矩（参考值为52N·m）进行紧固	
		后桥横梁总成和车身连接的螺母和螺栓	用扭力扳手按规定力矩（参考值为82N·m）进行紧固	
		制动分泵和背板连接的螺母和螺栓	用扭力扳手按规定力矩（参考值为15N·m）进行紧固	
		后减振器和后桥横梁总成连接的螺母和螺栓	用扭力扳手按规定力矩（参考值为49N·m）进行紧固	
5	其他螺母和螺栓	排气管和车身连接的螺母和螺栓	用扭力扳手按规定力矩（参考值为43N·m）进行紧固	
		油箱和车身连接的螺母和螺栓	用扭力扳手按规定力矩（参考值为25N·m）进行紧固	

素养与思政

本任务要求分组训练，各小组对所学的理论知识进行巩固学习，在学习过程中必须团结合作，在车辆维修过程中要讲诚信，拒绝虚假维修，遵守汽车维修行业相关的法律法规，全程实现 7S 现场管理。

拓展练习

一、选择题

1. 目前，轿车前轮一般使用（　　）。

A. 独立悬架　　　　　　B. 非独立悬架　　　　　　C. 扭力梁

2. 目前，轿车后轮一般使用（　　）。

A. 独立悬架　　　　　　B. 非独立悬架　　　　　　C. 扭力梁

3. 在对汽车底盘进行检查的过程中，发现减振器渗油，常规的处理方式为（　　）。

A. 更换减振器油封　　　B. 更换减振器总成　　　C. 更换减振器及弹簧

4. 前悬架横向稳定杆的胶套损坏，对汽车有何影响？（　　）

A. 过不平路面时有异响　　　　　　B. 四轮定位不准确造成轮胎异常磨损

C. 直线行驶时方向不稳定　　　　　D. 方向盘抖动量过大

二、判断题

1. 前悬架下摆臂球头出现损坏，一般可以单独更换球头。（　　）

2. 在对汽车进行四轮定位前，悬架与轮胎气压必须处于正常状态。（　　）

3．在汽车悬架正常的情况下，行驶过程中出现方向盘发抖，通常是由四轮定位不准造成的。 　　　　　　　　　　　　　　　　　　　　　　　　　（　　）

4．车轮定期调换可以使得轮胎磨损均匀。 　　　　　　　　　　　　（　　）

5．更换新轮胎时可以不做车轮动平衡。 　　　　　　　　　　　　　（　　）

6．汽车后悬架采用扭力梁时，就不会有横向稳定杆。 　　　　　　　（　　）

三、问答题

汽车底盘各总成检查的项目主要有哪些？

技能考核

请根据表 4-3 完成汽车底盘各总成检查技能考核，时间为 30 分钟。

表 4-3　汽车底盘各总成检查

序号	考核内容	配分/分	具体内容	考核记录	扣分	得分
1	考前准备（2分）	2	备齐所需的工具、量具及设备			
2	发动机与水泵、空调等连接的皮带（4分）	2	检查发动机与水泵连接皮带的张紧度、磨损及老化情况			
		2	检查空调皮带的张紧度、磨损及老化情况			
3	前悬架（46分）	2	检查右前轮制动钳、制动软管，根据实际情况报检			
		2	检查右前轮下摆臂球头，根据实际情况报检			
		2	检查右前轮下摆臂与车身连接铰链的胶套，根据实际情况报检			
		2	检查右前轮转向外球头防尘套及外球头，根据实际情况报检			
		2	检查右前轮转向横拉杆及内球头，根据实际情况报检			
		2	检查右前轮转向器防尘套，根据实际情况报检			
		2	检查右前轮稳定杆连杆上下球头防尘套，根据实际情况报检			
		2	检查右前轮稳定杆连接胶套，根据实际情况报检			
		2	检查右前轮半轴球笼防尘套（内侧、外侧），根据实际情况报检			
		2	检查右前轮半轴油封，根据实际情况报检			
		2	检查变速器各配合面及放油螺栓，根据实际情况报检			
		2	检查发动机各配合面及放油螺栓，根据实际情况报检			

续表

序号	考核内容	配分/分	具体内容	考核记录	扣分	得分
		2	检查转向器外观，根据实际情况报检			
		2	检查左前轮半轴油封，根据实际情况报检			
		2	检查左前轮半轴球笼防尘套（内侧、外侧），根据实际情况报检			
		2	检查左前轮稳定杆连接胶套，根据实际情况报检			
		2	检查左前轮稳定杆连杆上下球头防尘套,根据实际情况报检			
		2	检查左前轮转向器防尘套，根据实际情况报检			
		2	检查左前轮转向横拉杆及内球头,根据实际情况报检			
		2	检查左前轮转向外球头防尘套及外球头,根据实际情况报检			
		2	检查左前轮下摆臂与车身连接铰链的胶套,根据实际情况报检			
		2	检查左前轮下摆臂球头，根据实际情况报检			
		2	检查左前轮制动钳、制动软管，根据实际情况报检			
4	转向器 （6分）	6	检查转向器的连接油管，根据实际情况报检			
5	底盘 （6分）	2	检查排气管，根据实际情况报检			
		2	检查制动管路、燃油管路、活性炭罐气管，根据实际情况报检			
		2	检查燃油滤清器与燃油管路的接头处，根据实际情况报检			
6	后悬架 （24分）	2	检查右后轮制动钳、制动软管，根据实际情况报检			
		2	检查右后轮悬架下摆臂各连接胶套，根据实际情况报检			
		2	检查右后轮悬架横摆臂各连接胶套，根据实际情况报检			
		2	检查右后轮悬架纵摆臂各连接胶套，根据实际情况报检			
		2	检查右后轮稳定杆连杆上下球头防尘套,根据实际情况报检			
		2	检查右后轮稳定杆连接胶套，根据实际情况报检			
		2	检查左后轮稳定杆连接胶套，根据实际情况报检			
		2	检查左后轮稳定杆连杆上下球头防尘套,根据实际情况报检			
		2	检查左后轮悬架纵摆臂各连接胶套，根据实际情况报检			
		2	检查左后轮悬架横摆臂各连接胶套，根据实际情况报检			

续表

序号	考核内容	配分/分	具体内容	考核记录	扣分	得分
		2	检查左后轮悬架下摆臂各连接胶套,根据实际情况报检			
		2	检查左后轮制动钳、制动软管,根据实际情况报检			
7	基础理论知识(6分)	6	回答正确、书写工整,按时全部完成			
8	职业素养(6分)	2	课堂纪律			
		2	文明操作及职业素养			
		2	7S 现场管理			
合计		100	总得分			

任务二 更换机油、变速器油

 知识目标

1. 能说出变速器油的作用。
2. 能说出变速器油的鉴别方法。
3. 能说出机油的选用标准。

 能力目标

1. 能按标准流程更换变速器油。
2. 能按标准流程更换机油。

 思政目标

1. 通过对变速器油的鉴别,培养学生精雕细刻、一丝不苟的工匠精神。
2. 通过变速器油更换训练,培养学生良好的职业操作规范。
3. 通过双人保养形式,培养学生团队合作、团结互助、爱岗敬业的价值观。

任务引入

机油对机器内部各零部件起润滑、冷却、清洁、防腐等作用,是保证机器正常运转的重要因素之一,定期更换机油可以延长发动机、变速器的使用寿命,提高燃油经济性。定期更换变速器油(特别是自动变速器油)能降低换挡造成的冲击,提高传动效率。本任务

主要介绍机油更换的标准流程、变速器油更换的方法等知识。

相关知识

一、机油的作用

发动机工作时，连续不断地将机油送至运动零部件表面，减小零部件间的摩擦和零部件的磨损。机油流过各零部件表面时，会带走摩擦产生的热量，清洗零部件表面，带走磨屑和其他异物，在零部件表面形成油膜，防止零部件生锈，同时提高零部件的密封性，有利于防止漏气或漏油。也就是说，机油有润滑、冷却、清洁、密封、防腐、防锈的功能。

为了保证发动机的使用寿命，应该根据《车辆使用说明书》中的规定定期更换机油。机油更换周期：矿物油（基础机油）为 6 个月或 5000km（行驶里程），半合成机油为 8 个月或 7500km（行驶里程），全合成机油为 12 个月或 10000 km（行驶里程）。

二、机油的选用

1．机油的组成

机油一般由基础油（75%～80%）和添加剂（20%～25%）组成，基础油是机油的主要成分，决定着机油的基本性质，添加剂则可弥补和改善基础油在性能方面的不足，为机油赋予某些新的性能。基础油分为矿物油和合成油。

矿物油：矿物油是石油提炼和分馏出汽油、煤油、柴油等一些产品后所得到的一种重质油。

合成油：合成油是由煤气或天然气分解出来的乙烯、丙烯经聚合、催化等复杂的化学反应炼制而成的。合成油抵抗外力的能力强，热稳定性、抗氧化性、黏温性、抗剪切能力等都比矿物油强。

添加剂：添加剂用于改善机油的理化性质，给机油增加新的特殊性能或强化机油原有的某种性能。

2．机油的四个重要性能参数

（1）黏度指数。

黏度指数表示一切流体黏度随温度变化的程度。黏度指数越高，表示流体黏度受温度的影响越小，黏度对温度越不敏感。

（2）倾点。

倾点是用于衡量机油等物质低温流动性的常规指标，同一油品的倾点比凝点略高几摄

氏度，过去常采用凝点表示油品的低温流动性，现在国际上通常采用倾点表示。

（3）高温黏度等级。

高温黏度等级是根据机油 100℃时的动态黏度数值来标定的，它反映了机油在发动机暖机工况（一般为 100℃左右）下的黏度。高温黏度等级越高，发动机暖机工作时机油的黏度越大。

（4）总碱值。

在规定的条件下滴定时，中和 1g 试样中全部碱性组分所需的高氯酸的量，以当量氢氧化钾毫克数表示，称为机油或添加剂的总碱值。总碱值是测定机油中有效添加剂成分的一个指标，反映了机油的清洁性与中和能力。

3. 机油的分类

（1）按使用性能（使用等级）分类。

我国根据国际通用的 API（美国石油协会）使用分类法将机油分为汽油机油系列（S系列）和柴油机油系列（C 系列）两大类。每一系列又按油品特性和使用场合不同，分为若干等级。汽油机油系列可分为 SE、SF、SG、SH 等等级；柴油机油系列可分为 CC、CD、CF-4 等等级。各类油品的等级号越靠后，其使用性能越好。

（2）按黏度分类。

我国根据国际通用的 SAE（美国汽车工程师协会）黏度分类法将机油分为冬季用油（W 级）和夏季用油。冬季用油按低温黏度、低温泵送性划分，有 0W、5W、10W、15W、20W、25W 共 6 个等级，其黏度等级号越小，适用的温度越低。

夏季用油按 100℃时的黏度分级，有 20、30、40、50 共 4 个等级，数字越大，其黏度越大，适用的最高温度越高。多级油的黏度牌号分别为 0W-20、0W-30、0W-40、0W-50、5W-20、5W-30、5W-40、5W-50、10W-30、10W-40、10W-50、15W-30、15W-40、15W-50、20W-40、20W-50、25W-40、25W-50。黏度牌号中代表冬季用油部分的数字越小（适用最低温度越低），代表夏季用油部分的数字越大（适用的最高温度越高），说明该机油适用的温度范围越大。冬季用油和夏季用油如图 4-43 所示。

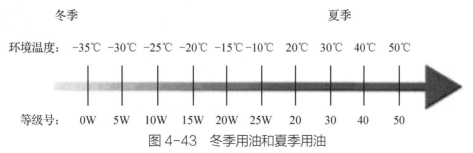

图 4-43　冬季用油和夏季用油

机油黏度对照图如图 4-44 所示。

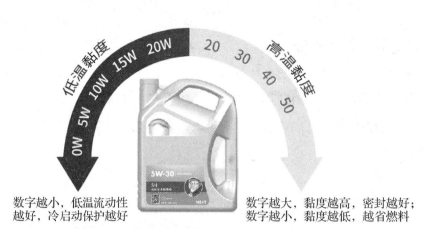

数字越小，低温流动性
越好，冷启动保护越好

数字越大，黏度越高，密封越好；
数字越小，黏度越低，越省燃料

图 4-44　机油黏度对照图

【读一读】

市场上销售的机油一般分为矿物油（基础机油）、半合成机油、全合成机油，如图 4-45
所示。机油标号包括分级和黏度规格两部分。机油标号通常表示机油的黏度和品质。机油
的黏度多使用 SAE 等级标识。

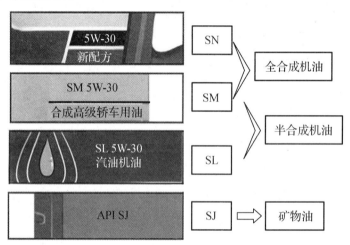

图 4-45　机油分类

机油分级使用两个字母组合表示。"S"开头代表汽油机油系列，一般规格依次由 SE
至 SN（按字母顺序递增，但其中没有 SI、SK），每递增一个字母，机油的性能都会优于
前一级，机油中会有更多用来保护发动机的添加剂；字母越靠后，机油的质量等级越高，
国际品牌的机油多是 SF 级以上的。"C"开头则代表柴油用油系列。若"S"和"C"两个
字母同时存在，则表示此机油为汽柴通用型。

在"15W-40""5W-40"中，"W"表示 Winter（冬季），其前面的数字越小说明机油
的低温流动性越好，代表可供使用的环境温度越低，在冷启动时对发动机的保护能力越好，
如 5W 代表耐外部低温-30℃，而 15W 代表耐外部低温-20℃；W 后面的数字代表机油在
100℃时的黏度，数字越大说明机油的黏度越高，40 代表 100℃时，机油的黏度为 12.5～
16.3mm^2/s。

4．机油的选用原则

（1）优先选用汽车生产厂家推荐的机油。

由于机油对发动机的性能和使用寿命都有很大的影响，因此应严格遵守《车辆使用说明书》中的规定，选用相同系列、使用等级、黏度等级的机油。《车辆使用说明书》中推荐的机油是根据发动机的性能和销售地域的气温等情况而定的，对机油的选用有一定的指导作用，并留有较大的安全系数，同时是发动机保用期内索赔的前提条件之一。

（2）根据环境、发动机的工作状况选用。

黏度主要根据速度（根据汽车的一般行驶状况而定）、发动机负荷水平和环境最高温度（根据汽车的行驶环境而定）三个主要因素选择。若速度快，则应该选择黏度低的机油；若发动机负荷水平高，则应该选择黏度高的机油；若环境最高温度高，则应该选择黏度高的机油。

性能等级主要根据发动机压缩比、发动机工作负荷、发动机工作环境等因素来选择。压缩比越大、工作负荷越大、工作环境越恶劣的发动机都应选择性能等级越高的机油。

三、机油的更换

1．机油更换前检查

（1）检查机油滤清器、发动机油底壳与缸体的结合面有无渗油，如图 4-46 所示。

（2）检查发动机的放油螺栓结合面有无渗油，如图 4-47 所示。

图 4-46　检查机油滤清器、发动机油底壳与缸体的结合面　　图 4-47　检查发动机的放油螺栓结合面

2．机油的更换步骤

（1）将机油回收机放置于发动机油底壳下方的合适位置处。

（2）拆下放油螺栓，如图 4-48 所示，将机油放出，利用机油回收机进行回收，如图 4-49 所示。

【注意】放油螺栓应从侧面向上快速取出，防止机油流到手上或飞溅到地面。

图 4-48 拆下放油螺栓

图 4-49 回收机油

（3）等机油流成线形时，利用专用工具拆下机油滤清器，如图 4-50 所示，拆卸机油滤清器的工具有专用套筒扳手及链条扳手。

【注意】机油滤清器内部有残留机油，拆卸时小心防护，注意回收废旧机油。

图 4-50 拆卸机油滤清器

（4）机油完全放出后，用抹布清洁机油滤清器滤座端面和放油螺栓安装孔周边的油迹，如图 4-51 所示。

图 4-51 清洁油迹

（5）在新机油滤清器的密封胶圈上涂抹新机油，安装新机油滤清器，将密封胶圈靠住机油滤清器滤座端面后，再拧紧 3/4 圈左右即可，如图 4-52 所示。

【注意】如果机油滤清器采用吊装方式安装，那么应向机油滤清器内部倒满新机油后再进行安装。

图 4-52 安装新机油滤清器

（6）更换放油螺栓密封垫，安装放油螺栓。

（7）用抹布再次清洁机油滤清器滤座端面和放油螺栓安装孔周边的油迹，以便于后续检漏。

（8）将机油回收机移至指定位置，将车辆降到合适位置。

（9）在机油加注口垫上抹布，添加机油，如图 4-53 所示。正常的机油液面高度应在机油标尺上最高位与最低位的中间位置。若机油液位太高，则机油有可能混入气缸体内被烧掉；若机油液位太低（机油不足），则会使发动机在无润滑的情况下运转，加重磨损，损坏发动机。

【注意】一般发动机所需的机油量为 3.5L 左右，不要添加过量，冷车加机油时建议加至最高点位置，这样启动发动机后，机油量刚好合适。

（10）安装机油加注盖，检查机油液位，如图 4-54 所示。插好机油标尺，启动发动机。

 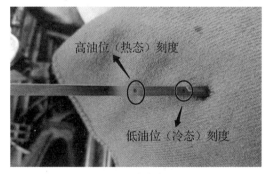

高油位（热态）刻度

低油位（冷态）刻度

图 4-53 添加机油　　　　　　图 4-54 检查机油液位

（11）将车辆举升到最高位置，检查机油滤清器和放油螺栓处是否有渗油情况，若有，则再次拧紧机油滤清器和放油螺栓。

（12）将车辆降至水平位置，再次检查机油液位是否合适。

（13）对场地进行 7S 现场管理，机油更换完成。

四、变速器油的作用

变速器根据设计不同，可分为手动变速器和自动变速器（又分为机械无级变速器、机械式自动变速器等），不同型号的变速器有不同的技术要求，同一型号的变速器配置在不同的车型上，其扭矩、质量、转速、结构等也会不同。因此，变速器都有其指定的专用变速器油。变速器油分为手动变速器油和自动变速器油。

1．手动变速器油

手动变速器油一般称为齿轮油，按其质量可分五档（GL-1～GL-5）。GL-1～GL-3 的性能要求较低，适用于一般负荷下的正、锥齿轮，以及变速器和转向器等齿轮的润滑；GL-4 用于高速低扭矩和低速高扭矩条件下，汽车双曲线齿轮传动轴和手动变速器的润滑；GL-5 的性能水平最高，用于运转条件苛刻的高冲击负荷的双曲线齿轮传动轴和手动变速器的润滑。

2．自动变速器油

自动变速器油是指专用于自动变速器的油液。自动变速器油对自动变速器的工作性能及使用寿命都有非常重要的影响。自动变速器油的作用如下。

（1）通过自动变速器将发动机的动力传递给变速器输入轴。

（2）通过电子控制系统和液压控制系统传递压力、动力，操纵各换挡执行元件正常工作。

（3）对变速器内部各机械零部件进行润滑。

（4）作为液压油起传递动力、减振、缓冲作用。

（5）对旋转零部件进行润滑、冷却、清洁。

（6）防止旋转零部件腐蚀和生锈。

五、变速器油的鉴别

自动变速器油除对行星齿轮组进行润滑、散热外，更重要的作用是传递动力，所以它的黏度不像手动变速器油那么大。由于它的主要作用是液压传动，因此流动性非常好，抗气泡能力也比手动变速器油强。

1．变速器油的特点

由于工作环境的特殊性，变速器对油品的要求较高，表现在以下几个方面。

（1）高黏度：变速器油通常具有较高的黏度，以确保在高温和高负荷条件下对齿轮进行润滑和保护。

（2）良好的抗磨性：变速器油应具有良好的抗磨性，以减少齿轮和轴承的磨损，延长

变速器的使用寿命。

（3）良好的热稳定性：变速器油应具有良好的热稳定性，以保持其在高温条件下的润滑性能和保护性能。

（4）良好的氧化稳定性：变速器油应具有良好的氧化稳定性，以防止油品在使用过程中产生沉积物和酸化物，从而保证油品的性能和使用寿命。

2．变速器油的鉴别方法

变速器油的鉴别方法有很多种，常见的鉴别方法如下。

（1）闻油味：正品变速器油有一股焦糊味。

（2）看流动性：正品变速器油"挂瓶"后，很长时间不净。

（3）看气泡：正品变速器油摇动后，很少见气泡。

（4）看黏稠度：正品变速器油沾手后不易清除，能拉丝。

3．变速器油的更换周期

（1）手动变速器油的更换周期。

在汽车正常行驶的情况下，手动变速器油通常每 2 年或行驶 60000km 更换一次，具体时间根据车型而定。

（2）自动变速器油的更换周期。

为了能够保证自动变速器正常运转、减少故障率、延长使用寿命，汽车生产厂家一般规定，汽车每 3 年或行驶 60000km 更换一次自动变速器油。但在实际用车过程中，每台汽车的使用环境不同、自动变速器油的质量变化也各不相同，因此除了参考汽车生产厂家所提供的更换周期，还要根据实际油品情况进行更换。汽车在恶劣行驶环境下一般建议每行驶 30000～40000km 更换一次自动变速器油。常见车辆品牌系列自动变速器油的更换周期如表 4-4 所示。

表 4-4　常见车辆品牌系列自动变速器油的更换周期

车辆品牌系列	更换周期
上海大众系列	每行驶 60000km 更换一次自动变速器油
广州本田系列	每行驶 40000～60000km 更换一次自动变速器油
一汽大众系列	每行驶 60000km 更换一次自动变速器油
东风雪铁龙	每行驶 60000km 更换一次自动变速器油
福特系列	每行驶 40000～60000km 更换一次自动变速器油
丰田系列	每行驶 40000km 更换一次自动变速器油

【读一读】

不及时更换变速器油的危害如下。

（1）长时间在高速、高温环境下工作会使变速器油变质，变质变速器油的润滑作用降低，使变速器机械零部件的磨损加剧，降低其使用寿命；如果变质严重的话，还会损坏变速器的内部零部件。

（2）如果长时间不换变速器油，汽车在起步的时候就会出现无力的现象，还会在行驶过程中出现轻微打滑的现象。

（3）如果长时间不更换变速器油，那么变速器油就会变稠，变速器散热就会受阻，散热受阻会使变速器的温度越来越高，磨损速度也会越来越快。

六、变速器油的选用

1．手动变速器油的选用

手动变速器可选用级别为 GL-4 或 GL-5 的手动变速器油。

2．自动变速器油的选用

由于自动变速器的工作原理及动力传递方式不同于手动变速器，因此自动变速器的保养有着严格要求，其中自动变速器油的选用就是其中一项，自动变速器油的工作环境比较恶劣，油品的好坏直接影响自动变速器的使用寿命及故障率，因此，自动变速器油的选用应严格按照《车辆使用说明书》中的规定进行。

自动变速器油的选用应注意以下几点。

（1）性能指标：自动变速器油应具备适当的运动黏度、低温流动性、抗磨性、热氧化性、抗泡沫性、密封性及防腐性等。

（2）自动变速器油的型号：自动变速器油的型号很多，各国的用油规定也不同，一般应按《车辆使用手册》中的规定选用。我国一般使用兰州炼油厂、上海炼油厂生产的液力传动油，按其 100℃时的黏度分为 6 号、8 号两种规格。其中，6 号液力传动油用于内燃机车或载货汽车的自动变速器；8 号液力传动油用于各种轿车、轻型客车的自动变速器，可以替代国外的同类产品。

自动变速器油的品牌众多，常用主要有 Dexron、福特、采埃孚、爱信、壳牌、美孚、PDK 等品牌的自动变速器油，在选购时一定要选择适合自己车型的自动变速器油，切勿错用，否则会导致自动变速器出现润滑不良或工作异常等故障，严重时会损坏自动变速器。我国部分国产汽车和进口汽车多选用美国通用公司生产的 Dexron Ⅱ型自动变速器油和福特公司生产的 F 型自动变速器油。

（3）自动变速器油既不能错用，也不能混用。如果规定使用 Dexron Ⅱ型自动变速器油而错用了 F 型自动变速器油，则会使自动变速器发生换挡冲击和制动器、离合器突然啮合的现象；反之，如果规定用 F 型自动变速器油却错用了 Dexron Ⅱ型自动变速器油，则会出现自动变速器离合器、制动器打滑的现象，加速制动器摩擦片的早期磨损。

七、变速器油的更换

（一）手动变速器油更换前的检查

（1）检查手动变速器通气孔有无堵塞，外观有无裂痕。

（2）举升车辆至高位，检查手动变速器外壳各配合面及放油螺栓是否有渗油现象，如图4-55所示。

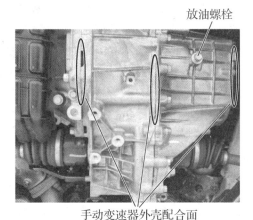

图4-55 检查手动变速器外壳各配合面及放油螺栓

（3）检查左、右半轴油封有无渗油、漏油现象，如图4-56所示。

图4-56 检查左、右半轴油封

（4）检查变速器油液位是否符合标准。

（5）检测变速器油的油质。

（二）手动变速器油的更换方法

（1）将变速器油回收机放置于变速器放油孔下方的合适位置处。

（2）根据车型拆卸手动变速器油加注孔的柱塞（螺栓）或倒挡开关，连通空气以便于手动变速器油流出，以及为后续加注手动变速器油做准备。

（3）拆卸手动变速器的放油螺栓，放出旧的手动变速器油，如图4-57所示。拆卸方

法与拆卸发动机的放油螺栓的方法相同。

图4-57　放出旧的手动变速器油

（4）等手动变速器油以油滴方式滴落时，说明手动变速器油释放完毕，用抹布清洁放油孔和放油螺栓。

（5）根据维修标准中的力矩要求安装放油螺栓。

（6）将新手动变速器油加入加注机中，如图 4-58 所示，利用手动变速器油加注泵将手动变速器油泵入手动变速器内部，注意加注量不应过多，一般加注到加注孔有手动变速器油流出即可，如图 4-59 所示。

（7）安装加注孔柱塞（螺栓）或倒挡开关。

（8）清洁加注孔、放油孔周边的油迹，以便于后续检漏。

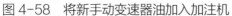

图4-58　将新手动变速器油加入加注机　　图4-59　加注新手动变速器油

（9）将变速器油回收机推回原位，将车辆下放至车轮离开地面10cm 左右。启动发动机，踩下离合器踏板，拨动换挡杆挂入各挡位，检查换挡是否平顺。

（10）将发动机熄火，将车辆举升至高位，检查加注孔和放油孔有无渗油现象。

（11）对场地进行 7S 现场管理，手动变速器油更换完成。

（三）自动变速器油的更换

1．自动变速器换油更换前的检查

（1）在车辆处于水平位置时，怠速运转发动机，使自动变速器油的油温达到正常值。

（2）将发动机熄火，拔出变速器油尺检查自动变速器油的液位及油品是否符合要求。

（3）举升车辆至高位，检查自动变速器外壳各配合面是否有渗油现象。

（4）检查左、右半轴油封有无渗油、漏油现象。

2．自动变速器油的更换方法（循环换油法）

（1）拆下自动变速器油散热器的出油管。

（2）连接循环机的进、出油管：将散热器出油管连接至自动变速器油收容器，原散热器出油管接到循环机出口处，如图 4-60 所示；循环机进油管接至装有新自动变速器油的油桶上。

图 4-60　连接循环机的进、出油管

（3）启动循环机，添加新的自动变速器油，如图 4-61 所示。选择循环机主菜单中的智能换油模式，如图 4-62 所示。

　　图 4-61　添加新自动变速器油

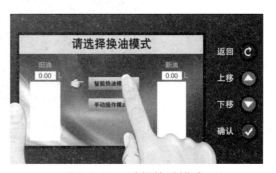
　　图 4-62　选择换油模式

（4）点击"开始"按钮进行自动变速器油更换，更换完毕后，循环机发出声音报警并自动进入循环状态，液晶显示屏提示等量交换完成，如图 4-63 所示。

图 4-63　等量交换完成

（5）将车辆举升至中位，如图 4-64 所示，启动发动机，逐一切换挡位，每个挡位停留约 1 分钟，高速挡的车速要求超过 60km/h，如图 4-65 所示。

图 4-64　将车辆举升至中位

图 4-65　切换挡位

（6）观察旧油视窗中自动变速器油的颜色变化，如图 4-66 所示。当新油视窗里面没有自动变速器油时，表示新、旧自动变速器油交换完毕，立即关闭循环机电源。

新油视窗

旧油视窗

图 4-66　新、旧油视窗

（7）拆除循环机管路，恢复原管路。开车路试 5～10 分钟，交车前检查汽车是否漏油，若各项指标正常，则可交车。

【技能拓展训练】

当汽车的行驶里程较大需要更换变速器滤清器时，自动变速器油的更换流程如下。

（1）拆下变速器油底壳，并进行清洗，如图4-67所示。

图4-67　拆下变速器油底壳

（2）拆下变速器滤清器，对其进行清洁或更换新的变速器滤清器，如图4-68、图4-69所示。

图4-68　拆下变速器滤清器

图4-69　清洁变速器滤清器

（3）更换变速器油底壳的密封垫，并安装变速器油底壳。

（4）将清洗后的变速器油底壳及相关的油管复原，并对其进行清洁，以方便后续检漏，如图4-70所示。

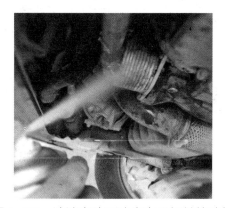

图4-70　清洁变速器油底壳及相关的油管

（5）添加新的自动变速器油使其达到规定的油面高度，启动发动机使其怠速运转。

（6）将车辆举升至高位，检查油管恢复后是否存在漏油情况，若有漏油情况，应及时处理。

（7）将车辆降至水平位置，关闭发动机，检查油面高度是否符合要求。

（8）清洁场地及进行 7S 现场管理。

任务实施

一、更换机油

根据表 4-5 中的技术要求完成机油的更换。

表 4-5 更换机油工作表

序号	操作部位或内容	操作项目	技术要求	操作结果
1	发动机舱	检查气门室盖密封垫	无渗油	
		检查气缸垫密封情况	无渗油	
		检查（正时链）正时罩盖密封情况	无渗油	
2	车辆底部	检查机油滤清器	无渗油	
		检查发动机油底壳	无渗油、漏油	
		检查放油螺栓结合面	无渗油、漏油	
3	机油	使用机油回收机	机油回收机的高度与放置位置应根据车辆的举升高度与车辆类型而定	
4	发动机底部	拆卸放油螺栓	选用工具及拆卸方法正确	
		拆卸机油滤清器	选用工具及拆卸方法正确	
5	清洁	残油清洁	残油清洁干净，方法正确	
6	发动机底部	安装机油滤清器	机油滤清器的安装方法正确	
		安装放油螺栓	放油螺栓的安装方法正确	
7	发动机舱	加注机油	机油的加注方法正确，机油液位合适	
8	质量检验	检查渗油情况与机油液位	机油滤清器、放油螺栓处无渗油，机油液位合适	

二、更换自动变速器油

利用循环机，根据表 4-6 中的技术要求完成自动变速器油的更换。

表4-6　更换自动变速器油工作表

序号	操作部位或内容	操作项目	技术要求	操作结果
1	散热器出油管	拆卸散热器出油管	能够使用专用工具拆下散热器出油管	
2	循环机	循环机管路连接	将循环机的进、出油管接到对应的接口处	
3	自动变速器油	排出旧自动变速器油	按照要求对旧自动变速器油进行回收，操作过程中及时关闭发动机	
		更换自动变速器油	循环机操作正确，泵入的油量足够，冲洗次数符合要求	
		检查油面高度	油面高度符合要求	
4	循环机	循环机管路拆除	拆除循环机管路，恢复原管路	
5	质量检验	检查渗油情况与变速器油液位	变速器油底壳不漏油，管路不漏油，油面高度符合要求。试车过程中变速器换挡正常，试车后重新检验漏油情况	
6	7S	7S现场管理	操作过程中应无油液落地或及时清理	

素养与思政

本任务要求分组训练，各小组对所学的理论知识进行巩固学习，在学习过程中必须团结一致，在车辆维修过程中要讲诚信，拒绝虚假维修，遵守汽车维修行业相关的法律法规，全程实现7S现场管理。

由于传统燃油汽车的发动机需要更换机油，而市场上机油的品质及价格多种多样，加上大部分车主对机油品质不了解，在选择机油时只看价格，因此经常出现客户与维修企业产生矛盾的情况，如何彻底解决这个问题呢？如何才能做到诚信修车呢？

纯电动汽车由于没有发动机，在维修中就不存在上述问题，我国纯电动汽车的发展情况你是否了解？请各小组查询各国纯电动汽车的发展情况，对纯电动汽车品牌的销售情况进行分类对比，并按销量进行排名。

拓展练习

一、选择题

1. 自动变速器简称（英文缩写）（　　　）。

A. MT　　　B. AMT　　　C. AT　　　D. CVT

2. 加注手动变速器油时，油量为（　　　）。

A. 1L　　　B. 1.5L

C. 2L　　　D. 加注孔有油流出为佳

3．需要对自动变速器进行免拆清洗，更换自动变速器油时，应采用（　　　）。

A．手动换油法 　　　　　　　　　　　　B．循环换油法

C．吊瓶清洗法 　　　　　　　　　　　　D．拆检清洗法

4．大多数自动变速器油应每行驶（　　　）km 更换一次。

A．30000 　　　　　B．40000 　　　　　C．50000 　　　　　D．60000

5．更换机油滤清器时，所使用的工具是（　　　）。

A．梅花扳手 　　　　B．专用套筒扳手 　　　C．机油格扳手 　　　D．开口扳手

6．释放旧机油时，应先将（　　　）拧松。

A．放油螺栓 　　　　　　　　　　　　　B．机油标尺

C．机油加注盖 　　　　　　　　　　　　D．机油滤清器

二、判断题

1．机油和机油滤清器一般同时更换。　　　　　　　　　　　　　　　　（　　　）

2．机油液位低于正常位置对发动机的工作性能无影响。　　　　　　　　（　　　）

3．补充机油时要防止杂物进入机油加注口，油面高度可以超过 F 线。　（　　　）

4．检查变速器时发现有渗油现象，应及时反馈给车主，确认是否维修。（　　　）

5．新的手动变速器油是通过油泵泵入手动变速器内部的。　　　　　　　（　　　）

6．手动变速器油应每行驶 30000km 更换一次。　　　　　　　　　　　　（　　　）

7．所有车辆在更换自动变速器油时都应采用手动加注法进行更换。　　（　　　）

8．对于自动变速器，应定期更换变速器滤清器，延长自动变速器的使用寿命。（　　　）

9．自动变速器油是一种无色无味，带有微毒的油液。　　　　　　　　　（　　　）

10．循环换油法对自动变速器油路清洁得更加彻底。　　　　　　　　　（　　　）

三、简答题

机油有哪几种？应如何选择？

综合技能训练

　　吴老师的小轿车从上次保养到现在已经行驶了 8500km，最近准备开车去自驾游，于是把车开到 4S 店，要求维修人员帮忙更换机油和变速器油。

一、问诊

根据客户需求，按要求填写车辆检查问诊单（见表4-7）。

表4-7 车辆检查问诊单

客户姓名		车牌		
客户电话		车型		
维修人员		车架号		
预计交车时间		行驶里程		燃油表显示
外观确认 □ 划伤 ○ 擦伤 ◎ 碰伤 ◇ 凹陷 △ 脱落		仪表故障信息： 其他：		
客户需求	走保（磨合期检查）			
	5000km 保养			
	_____km 保养			
维护与保养项目				
维护与保养项目已确认，并已将现金及贵重物品从车内取走				
客户签字		维修人员签字		

二、任务分配

教师将学生分成若干小组，每组6人，每组选出一名组长，组长负责对组员进行任务分配，组员按照组长的要求完成相应的任务，并将所完成的任务内容填入表4-8。

表 4-8　个人任务工作表

序号	任务	个人任务	完成情况	教师或组长检验结果
1	吴老师的小轿车从上次保养到现在已经行驶了8500km，最近准备开车去自驾游，于是把车开到4S店，要求维修人员帮忙更换机油和变速器油。请根据所学知识制定维修方案，并根据维修方案对车辆进行维护与保养			
2				
3				
4				
5				
6				

三、制定维修方案并实施

根据客户需求（或汽车行驶里程）制定维修方案并实施，按要求填写表 4-9。

表 4-9　任务单

序号	操作部位或内容	操作内容	技术标准（要点）	结果
1	车辆底部	检查机油滤清器	不存在渗油情况	
		检查发动机油底壳	不存在渗油、漏油情况	
		检查放油螺栓	不存在渗油、漏油情况	
2	机油	使用机油回收机	机油回收机的高度与放置位置应根据车辆的举升高度与车辆类型而定	
3	发动机底部	拆卸放油螺栓	选用工具及拆卸方法正确	
		拆卸机油滤清器	选用工具及拆卸方法正确	
4	清洁	清洁残油	残油清洁干净，方法正确	
5	发动机底部	安装机油滤清器	机油滤清器的安装方法正确	
		安装放油螺栓	放油螺栓的安装方法正确	
6	发动机舱	加注机油	机油的加注方法正确，机油液位合适	
7	质量检验	检查渗油情况与机油液位	机油滤清器、放油螺栓处无渗油，机油液位合适	
8	散热器出油管	拆卸散热器出油管	能够使用专用工具拆下散热器出油管	
9	循环机	连接循环机管路	将循环机的进、出油管正确接到对应的接口处	
10	自动变速器油更换	排出旧自动变速器油	按照要求对旧自动变速器油进行回收，操作过程中及时关闭发动机	
		更换自动变速器油	循环机操作正确，泵入的油量足够，冲洗次数符合要求	
		检查油面高度	油面高度符合要求	
		复原设备	拆除循环机的操作正确，原管路恢复正常	

续表

序号	操作部位或内容	操作内容	技术标准（要点）	结果
11	质量检验	检查渗油情况与自动变速器油液位	变速器油底壳不漏油，恢复管路不漏油，油面高度符合要求。试车过程中换挡正常，试车后重新检查漏油情况	

四、任务评价

根据表 4-10 中的评价内容进行自我评价、相互评价、教师评价，并填写表 4-10。

表 4-10　任务评价表

评价内容		自我评价（打分）	相互评价（打分）	教师评价（打分）
信息收集（15 分）	理解任务或问题的程度（5 分）			
	收集信息的完整性（5 分）			
	对信息的领会程度（5 分）			
制定维修方案（20 分）	维修方案制定的参与程度（10 分）			
	维修方案的合理性及实用性（10 分）			
修改维修方案（15 分）	和教师讨论维修方案（5 分）			
	和教师讨论后，是否知道如何改进维修方案（5 分）			
	修改后的维修方案的完整性（5 分）			
实施（20 分）	是否按维修方案实施操作（5 分）			
	是否亲自实施维修方案（5 分）			
	是否记录实施过程及结果（10 分）			
检查（15 分）	是否按维修方案的要求完成任务（5 分）			
	是否达到预期目标（5 分）			
	整个工作流程是否与标准流程相符（5 分）			
评价（15 分）	是否完成了任务或解决了问题（5 分）			
	在哪个环节上可以改进（2 分）			
	学习小组的合作情况（3 分）			
	7S 现场管理及工作纪律（5 分）			
总评（100 分）				

项目五

整车降落水平位置维护与保养

📖 项目描述

　　赵老师买了一辆比亚迪混合动力新车，6个月后接到4S店售后服务人员的电话，通知他车辆需要维护与保养了，于是赵老师开车去4S店进行维护与保养，将车停到保养工位后见维修人员将车从水平位置举升到高位，再降落到水平位置，维护与保养大约花了一个小时。本项目主要介绍整车降落水平位置时所做的维护与保养项目及检查方法。

任务 发动机启动前及暖机后检查

知识目标

1. 能说出空调中需要检查的零部件。
2. 能说出空气滤清器的检查方法。

能力目标

1. 能按标准流程更换空气滤清器。
2. 能按标准流程检查空调。

思政目标

1. 通过对整车降落水平位置维护与保养知识的学习，培养学生精益求精的工匠精神。
2. 通过小组合作学习，培养学生爱岗敬业、团结互助的价值观。

任务引入

汽车的维护与保养项目有一百多项，汽车进入保养工位后，维修人员根据工作过程中工作任务的内容及工作便利程度，将维护与保养项目拆分，以便提高工作效率。本任务介绍在完成车辆举升高位维护与保养后，整车降落水平位置时完成的发动机舱维护与保养项目，以发动机暖机后（和运行）的检查项目复检为主，如轮胎紧固螺栓、空气滤清器滤芯、发动机冷却系统等零部件的检查。

相关知识

一、发动机启动前检查

（一）发动机启动前检查的作用

前面已经进行了室内检查，车身内外部件及发动机舱检查，车轮轴承、轮胎和制动器检查，更换机油、变速器油等维护与保养项目，在启动发动机前，必须进行发动机启动前检查，如发动机舱各油液液位的检查、发动机点火系统检查等。如果不进行发动机启动前的检查就启动发动机，则有可能发生机械损坏事故。

（二）发动机启动前检查的工作内容

（1）机油液位检查。

（2）冷却液液位检查。

（3）火花塞检查。

（4）蓄电池静态电压检查。

（5）制动液液位检查。

（6）空气滤清器滤芯的拆卸与清洁。

（7）清洁液液位检查。

（8）车轮螺母力矩检查。

（三）发动机启动前安全检查的方法和技术要求

（1）在启动发动机前，检查车辆的停放位置，如图 5-1 所示。

（2）拉起驻车制动器，用车轮挡块挡住车轮，如图 5-2 所示。

图 5-1 检查车辆的停放位置

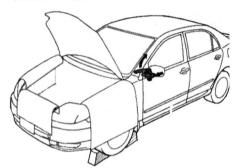

图 5-2 放置车轮挡块

1. 机油液位检查

由于在将车辆举升至高位时更换过机油，因此在发动机启动前有必要再次检查机油液位，机油液位应该在机油标尺的最高位置，如图 5-3 所示。

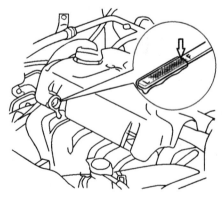

图 5-3 机油液位

2. 冷却液液位检查

冷却液液位的正常情况是冷却液的液位应在补偿水箱标尺上标注的 FULL（最高）与

LOW（最低）刻度线之间，如图 5-4 所示。若冷却液太多，则有可能导致其在发动机水温高时溢出；若冷却液太少（如冷却液的液位降到最低刻度线以下），则说明冷却液不足，发动机会升温。在高温状态下，发动机的运转会导致气缸变形或气缸垫被烧毁。

检查时，需确认补偿水箱内冷却液的液位是否在补偿水箱标尺上标注的 FULL（最高）与 LOW（最低）刻度线之间。

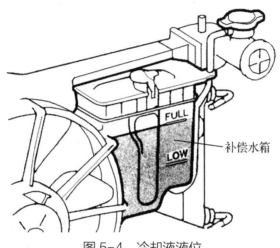

补偿水箱

图 5-4 冷却液液位

3. 火花塞检查

（1）火花塞检查的作用。

火花塞是发动机点火系统的一个部件，与整个系统紧密相连，它的作用是使高压导线送来的脉冲高压电放电，击穿火花塞两电极的间隙，产生电火花，以此引燃气缸内的可燃混合气体。火花塞发生故障会直接影响发动机的正常工作，因此需对其进行检查。

（2）火花塞检查的工作内容。

① 检查火花塞型号。

按照热值高低来划分，火花塞有冷型火花塞和热型火花塞；按照电极材料来划分，火花塞有镍合金火花塞、银合金火花塞和铂合金火花塞等。通常发动机原厂会建议使用指定的火花塞品牌及型号，或可以代替的品牌及型号，但是实际上只需注意以下两点：热值、规格（如直径、长度、电极长短、两电极间隙等）。可通过工作过的火花塞电极的颜色来判断火花塞的选型情况。

② 检查火花塞的磨损及损坏。

火花塞损坏的情况一般有金属螺纹崩裂、陶瓷崩裂及电极磨损等，电极磨损的火花塞如图 5-5 所示。

③ 检查火花塞两电极的间隙。

火花塞两电极间隙的大小关系到发动机能否正常工作。如果火花塞两电极的间隙过小，则不能充分释放高压电，致使其点燃可燃混合气体的热量不够，造成燃油燃烧不充分，

汽车维护与保养 一体化教材

使发动机功率明显下降，反之亦然。火花塞两电极的间隙如图5-6所示。

图5-5　电极磨损的火花塞

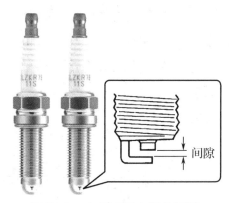

间隙

图5-6　火花塞两电极的间隙

采用白金式点火方式点火时，火花塞两电极的间隙通常为0.6mm，最大为0.8mm；采用电子式点火方式点火时，火花塞两电极的间隙通常为0.7mm，最大为1.1～1.2mm。

（3）火花塞检查的方法。

火花塞的技术状况除可通过用专用仪器做密封发火试验进行检查外，还可采用下述方法检查。

① 就车检查法。

a．触摸法：启动发动机，使其怠速运转，用手触摸火花塞的绝缘体，若温度上升得很高、很快，表明火花塞正常，反之则不正常。

b．短路法：启动发动机，使其怠速运转，然后用螺丝刀逐缸对火花塞短路，观察发动机的转速和响声变化，若转速和响声变化明显，表明火花塞正常，反之则不正常。

c．跳火法：旋下火花塞，放在气缸体上，用高压线试火，若无火花或火花较弱，表明火花塞漏电或不工作。

② 观色法。

拆下火花塞并对其进行观察，若为赤褐色或铁锈色，表明火花塞正常；若沾有油渍，表明火花塞两电极的间隙失调、供油过多、高压线短路或断路；若为烟熏似的黑色，表明火花塞的冷、热型选错或可燃混合气体浓，机油上窜；若顶端与电极间有沉积物，当沉积物为油性沉积物时，说明气缸窜机油，与火花塞无关，当沉积物为黑色沉积物时，说明火花塞因积碳而短路，当沉积物为灰色沉积物时，说明汽油中的添加剂覆盖电极导致缺火；若严重烧蚀，如顶端起疤、有黑色花纹破裂、电极熔化，表明火花塞损坏。

【读一读】

火花塞主要由以下几部分构成：接线螺母、绝缘体、金属壳体、电阻密封剂、中央电极、接地电极，如图5-7所示。火花塞上的接地电极与金属壳体连接，通过气缸盖螺纹连接到发动机缸体上；绝缘体主要起隔离金属壳体及中央电极的作用；接线螺母是火花塞上

与高压线圈接触的部分，电流通过接线螺母和中央电极后，击穿中央电极与接地电极间的介质产生火花，从而点燃气缸中的可燃混合气体。

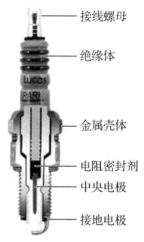

接线螺母

绝缘体

金属壳体

电阻密封剂
中央电极

接地电极

图 5-7　火花塞的结构

4．蓄电池静态电压检查

（1）蓄电池的作用。

蓄电池与发电机、汽车用电设备都是并联的，在发动机正常工作时，发电机应向用电设备供电和向蓄电池充电；当接入用电设备过多使发电机超载时，蓄电池可协助发电机供电；汽车启动时，蓄电池向发动机提供大电流。蓄电池的性能好坏会影响汽车的正常工作，尤其影响发动机的启动性能。

（2）蓄电池静态电压检查的工作内容。

① 目测检查蓄电池外壳是否损坏。

② 用手轻轻移动蓄电池端子及导线，目测检查其是否松动、有无腐蚀。

③ 拆下通风孔塞，目测检查其是否损坏、堵塞。

使用万用表检查蓄电池静态电压，如图 5-8 所示，蓄电池静态电压应在规定范围内（11.5～12.5V）。

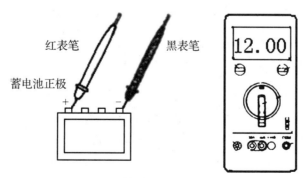

红表笔　　　　　　黑表笔

蓄电池正极

图 5-8　检查蓄电池静态电压

5．制动液液位检查

制动液存放在制动总泵上方的制动液储液罐内，制动液液位应在制动液储液罐外部标记位置的最高线（MAX）与最低线（MIN）之间，如图5-9所示。制动液太多会使加得过满的制动液溢出（制动液对车身油漆或底盘有很大的腐蚀性）；制动液太少会导致制动踏板下降，制动失效。

图5-9　制动液液位

6．空气滤清器滤芯的拆卸与清洁

拆下空气滤清器的滤芯，检查其是否需要清洁或更换。若需清洁空气滤清器的滤芯，应在车辆外实施，操作方法是从空气滤清器的发动机侧吹入压缩空气并清除空气滤清器盖内的污物。

（1）检查空气滤清器的作用。

空气滤清器是对空气进行净化的装置，它由壳体和滤芯组成，滤芯安装在壳体内。大气中的各种异物（如灰尘、砂粒等）会加速发动机的磨损，从而缩短发动机的使用寿命。有时，轮胎会带起飞石，飞石一旦进入发动机，就会使发动机严重损坏，空气滤清器能防止出现这种情况。汽车行驶一段时间后，空气滤清器的滤芯中会汇集许多灰尘和杂质，造成进气堵塞，使发动机的工作受到影响。因此，需对空气滤清器做定期检查或更换。空气滤清器的滤芯分为干式滤芯和湿式滤芯两种。

（2）检查空气滤清器的方法和技术要求。

空气滤清器滤芯的拆卸方法：打开空气滤清器盖两边的卡扣，取出空气滤清器的滤芯，如图5-10所示。

干式滤芯的材料为滤纸或无纺布。为了增加空气通过面积，滤芯大都加工出许多细小的褶皱。当滤芯轻度污损时，可以使用压缩空气吹净，如图5-11所示；当滤芯污损严重时，应当及时更换新滤芯。

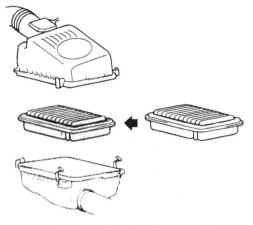

图 5-10　拆卸空气滤清器的滤芯

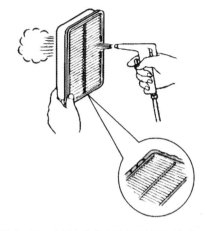

图 5-11　清洁空气滤清器的滤芯（干式）

　　湿式滤芯由海绵状的聚氨酯类材料制成，当滤芯轻度污损时，可以用清洗油进行清洗，如图 5-12 所示；当滤芯污损严重时，应该更换新滤芯。

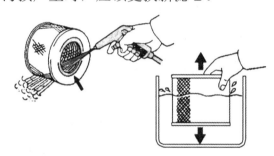

图 5-12　清洁空气滤清器的滤芯（湿式）

7．清洁液液位检查

（1）清洁液的作用。

　　如果挡风玻璃上没水，则用刮水器刮拭泥土、尘埃等时就很难刮净，甚至会划伤挡风玻璃。目前，汽车上都装有洗涤器，其喷洒清洁液，与刮水器协同工作。

（2）清洁液液位检查的方法和技术要求。

　　检查洗涤器储液罐内的清洁液液位是否在正常范围内，如图 5-13 所示。

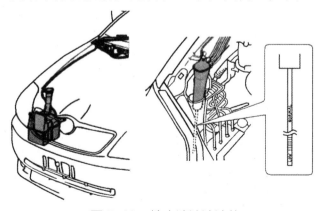

图 5-13　检查清洁液液位

汽车维护与保养 一体化教材

8．车轮螺母力矩检查

紧固车轮螺母时，按对角交叉顺序使用预置式扭力扳手将其上紧至规定扭矩。

（1）车轮螺母再紧固的作用。

车轮螺母在安装轮胎时已预紧，但紧固度远远不足以保证车辆高速安全行驶，所以必须对车轮螺母再次进行紧固。紧固时必须使用预置式扭力扳手，如图 5-14 所示。

图 5-14　用预置式扭力扳手紧固车轮螺母

（2）车轮螺母再紧固的方法和技术要求。

使用预置式扭力扳手顺时针拧紧车轮螺母，不要用其他工具或除手以外的任何杠杆工具，如锤、管子，确认预置式扭力扳手紧套在车轮螺母上。

用预置式扭力扳手以规定扭矩（参考值为110N·m）交叉紧固车轮螺母，其紧固顺序如图 5-15 所示，一般分 2～3 次紧固。

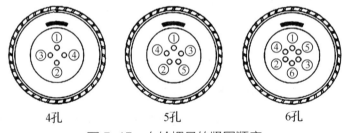

4孔　　　5孔　　　6孔

图 5-15　车轮螺母的紧固顺序

【注意】通常德系车使用的是 17mm、19mm 的螺杆，其扭矩大多为 120～180N·m；日系车使用的是 19mm、21mm 的螺杆，其扭矩大多为 100～120N·m。当车轮螺母的拧紧力矩过低时，在车辆行驶过程中，车轮螺母就很有可能会松开，从而引发交通事故；当车轮螺母的拧紧力矩过高时，车轮轮毂、螺栓及螺纹就会承受极大的力矩，并由于热胀冷缩而造成损坏。

二、发动机暖机（运行中）检查

启动发动机，使发动机处于暖机状态，检查以下各项目。

124

（一）散热器盖检查

拆下散热器盖，拆卸前先拧开 45°释放空气。使用散热器盖测试仪测量阀门开启压力是否在规定范围内，检查真空阀的工作情况，以及橡胶密封垫是否有裂纹或破损。

（二）发动机冷却系统检查

1．发动机冷却系统检查的工作内容

在发动机运转状态下，主要检查发动机冷却液是否渗漏或可能发生渗漏。发动机工作时，发动机冷却系统会产生压力并伴有温度升高，这容易造成冷却液渗漏。

2．发动机冷却系统检查的方法和技术要求

（1）检查冷却液是否从散热器、橡胶软管、散热器盖和软管夹周围渗漏。

（2）检查橡胶软管是否有裂纹、凸起或者硬化现象。

（3）检查橡胶软管连接处和管箍是否松动。

检查发动机冷却系统如图 5-16 所示。

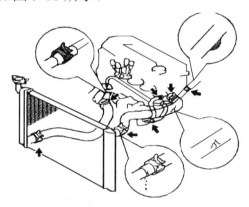

图 5-16　检查发动机冷却系统

3．冷却液冰点检查

入冬前进行冷却液冰点检查可以防止发动机在冬天由于冷却液结冰而损坏。检查前，应让发动机怠速运转 10～20 分钟，使得冷却液混合均匀，以避免测量误差。冷却液一般每 3 年或行驶 60000km 更换一次。

冰点测试仪（见图 5-17）的使用方法如下。

（1）打开盖板，用软布仔细擦净检测棱镜。

（2）取待测溶液数滴，置于检测棱镜上，轻轻合上盖板，避免气泡产生，使溶液遍布检测棱镜表面。

（3）将盖板对准光源或明亮处，眼睛通过目镜观察视场，转动视度调节手轮，使视场中的蓝白分界线清晰，分界线的刻度值即冷却液的冰点。通常情况下，冷却液的冰点为 −68～−15℃。

（4）使用完毕后，应立即清洁冰点测试仪。

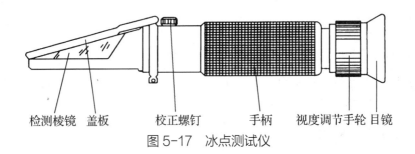

检测棱镜　盖板　　校正螺钉　　手柄　　视度调节手轮 目镜

图 5-17　冰点测试仪

（三）PCV 阀检查

1．PCV 阀的作用

PCV（曲轴箱强制通风）阀的主要作用是使曲轴箱内的气体（从燃烧室窜入曲轴箱的混合气及机油蒸气）经进气歧管到达燃烧室，进行燃烧。PCV 阀不仅可以防止窜气进入大气而污染空气，还可以减缓机油的变质，同时可以防止气体或火焰反向流动（回火）。如果 PCV 阀堵塞，窜气就不能够被吸入进气歧管，而是直接被排放到大气中。它还会与机油混合，使机油变质。

2．PCV 阀检查的方法和技术要求

（1）检查 PCV 阀的性能。

PCV 阀是一个单向阀，气从气缸侧吹入，可以穿过；气从进气室侧吹入，不能穿过。检查 PCV 阀的性能时，应在发动机怠速运转状态下，用手指夹紧 PCV 阀软管，检查工作噪声，应小于 25dB，如图 5-18 所示。

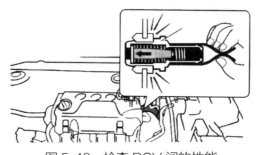

图 5-18　检查 PCV 阀的性能

（2）检查 PCV 阀是否损坏。

检查 PCV 阀软管是否有裂纹或者损坏。

三、发动机暖机后（和运行）检查

（一）发动机暖机后（和运行）检查的工作内容

（1）自动变速器油检查。

（2）空调检查。

（3）动力转向液检查。

（4）机油液位检查。

（5）燃油滤清器检查。

（二）自动变速器油检查

1. 自动变速器油检查的重要性

自动变速器油不会随着汽车行驶里程的增加而减少。油液的减少无一例外都是由漏油造成的。如果自动变速器没有按指定数量添加自动变速器油，就会对内部零部件造成损害。

2. 自动变速器油检查的方法和技术要求

自动变速器的生产厂家不同，自动变速器油的检查方法也就不同。一般自动变速器油的液位检查分为冷机检查和热机检查两种方式，通过标尺来检查自动变速器油的液位。自动变速器油的标尺刻度有 COOL（冷）和 HOT（热）两个范围。

（1）冷机检查是指在自动变速器处于常温状态时，通过标尺检查自动变速器油的液位。在这种方式下，自动变速器油的液位应在标尺上的刻度 COOL（冷）的范围内。

（2）热机检查是指在自动变速器处于热态时，检查自动变速器油的液位。自动变速器油的液位应以热机检查时的液位为准，如图 5-19 所示。

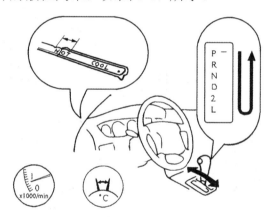

图 5-19　检查自动变速器油的液位

热机检查时，自动变速器油的正常液位必须处于 HOT（热）范围内，如图 5-20 所示。

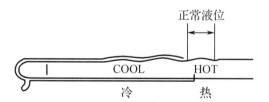

图 5-20　自动变速器油的正常液位

（三）空调检查

打开所有车门，将发动机转速设为 1500 转/分钟，将鼓风机速度控制开关置于高位，AC 开关置于"ON"位置，温度控制设为最低。对于带有观察窗的车型，可通过观察窗观察冷却液的流量。

1．空调的作用

汽车制冷装置的作用主要是降低车厢内的温度，使乘客和驾驶员感到凉爽，适用于炎热季节。汽车制冷装置主要采用蒸气压缩式制冷方式，制冷效能是通过在管路中重复地将气体变成液体、将液体变成气体而排放或吸收热量而获得的。如果制冷剂渗漏，则制冷效能降低，此时需要检查制冷剂的液位。

汽车空调是移动式车载空调装置，它与固定式空调系统相比，运转条件更恶劣，受汽车行驶过程中振动的影响，汽车空调中的制冷剂比固定式空调系统更容易渗漏。因此，必须对制冷剂的量、渗漏情况进行定期检查。

2．空调检查的方法和技术要求

（1）检查制冷剂的量。

先把所有车门打开，然后将发动机提速到 2000 转/分钟，将制冷效能及鼓风效能打到最大，通过观察窗观察制冷剂的流量，并检查制冷剂的量，如图 5-21 所示。

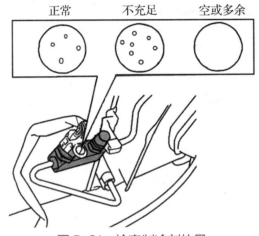

图 5-21　检查制冷剂的量

如果制冷剂的量合适，那么从观察窗中看到的制冷剂应透明、不混浊、无气泡、平稳流动，当提高或降低发动机转速时，会出现少量气泡。

（2）检查制冷剂的渗漏情况。

将点火开关关闭后，使用空调泄漏测试仪检查制冷剂是否渗漏，如图 5-22 所示。

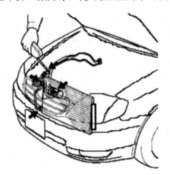

图 5-22　检查制冷剂的渗漏情况

（四）动力转向液检查

1．动力转向液的作用

动力转向液指的是转向器和转向器助力泵用的油，关系到动力转向系统的转向能力和乘车人员的安全。因此，必须对动力转向液进行液位检查及渗漏检查。

2．动力转向液检查的方法和技术要求

（1）检查动力转向液的液位。

观察动力转向液储液罐中的液位。动力转向液的温度不同，液位也不同。如果动力转向液的温度高，则液位会高一些；如果动力转向液的温度低，则液位会低一些，如图 5-23 所示。

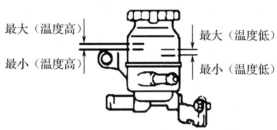

图 5-23　动力转向液的液位

在发动机怠速运转状态下，动力转向液储液罐中的液位会低一些；关闭发动机几分钟后，再次测量动力转向液储液罐中的液位，液位会升高一些（液位最多升高 5mm），如图 5-24 所示。

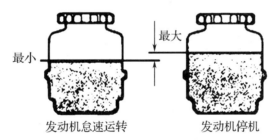

图 5-24　动力转向液不同状态下的液位

（2）检查动力转向液的渗漏情况。

动力转向液渗漏检查的主要内容是检查液压接头是否有液体渗漏、裂纹、松动或磨损。

① 运转发动机，使动力转向液储液罐中的温度达到 50～80℃，并保持发动机处于怠速运转状态。

② 将方向盘向左、右转动到头若干次。

③ 握住方向盘在锁止点位置持续 5s，仔细检查动力转向管路是否有动力转向液渗漏，如图 5-25 所示。

【注意】握住方向盘在锁止点位置不要超过 10s，否则可能损坏机油泵。

④ 如果发现液压接头处有动力转向液渗漏，先松开油管螺母，再重新拧紧到规定力

矩。切勿过分拧紧液压接头，否则会损坏 O 形圈、垫圈和液压接头。

⑤ 如果发现动力转向液从机油泵中渗漏，则检查机油泵。

⑥ 检查转向机构防尘罩上是否有动力转向液积聚。

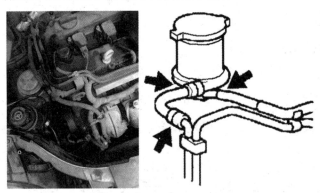

图 5-25　动力转向管路检查

（五）机油液位检查

在对汽车完成定期维护与保养后，可能会造成机油缺少，所以必须再次检查机油液位。

预热发动机后，停止发动机。过去 5s 或者更长时间以后，检查机油标尺，确保机油液位处于规定的范围内，如图 5-26 所示。

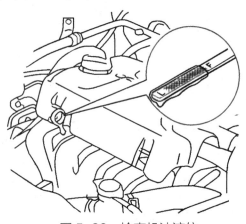

图 5-26　检查机油液位

（六）燃油滤清器检查

燃油滤清器通过滤芯来清除燃油中的杂质。汽车运行一段时间后，滤芯会集满许多杂质造成供油堵塞，因此，需对燃油滤清器进行定期检查或更换。如果燃油滤清器没有更换，则滤芯堵塞后，供油量会减少，进而发生故障，如汽车在高速行驶需要大量燃油时，输出功率降低。

任务实施

根据表 5-1～表 5-3 中的技术要求对发动机进行检查。

表 5-1　发动机启动前的检查工作表

序号	检查部位	检查项目	技术要求	备注
1	发动机启动前准备工作	驻车制动	拉满驻车制动器行程，使车辆被可靠制动	
		放置车轮挡块	可靠安装车轮挡块	
2	机油	加注机油	按原厂规定加注，①机油规格：API SF 级或以上，机油黏度等级（SAE 标准）根据环境温度来选择；②机油量：油面高度应在机油标尺上、下两刻度线之间	
3	火花塞	型号检查	型号与该车匹配	
		电极磨损检查	电极应无损坏	
		间隙检查	两电极的间隙应在规定值内	
		损坏检查	火花塞金属壳体、陶瓷等应没有崩裂等损坏	
4	蓄电池	检查蓄电池外壳是否损坏	无损坏和裂纹	
		检查蓄电池端子的腐蚀情况	无腐蚀	
		检查蓄电池端子导线是否松动	无松动	
		检查蓄电池静态电压	应为 11.5～12.5V	
5	制动液	检查制动液储液罐内的液位	制动液液位符合规定，应保持在储液罐外部标记位置的最高线（MAX）与最低线（MIN）之间	
		检查制动液是否渗漏	无渗漏	
6	空气滤清器	检查并更换	清洁空气滤清器的滤芯或更换新空气滤清器	
7	清洁液	检查液位	应注满	
8	车轮	车轮螺母的再紧固	用预置式扭力扳手以规定扭矩（参考值：110N·m）交叉紧固车轮螺母，一般分 2～3 次紧固	

表 5-2　发动机暖机过程的检查工作表

序号	检查部位	检查项目	技术要求	备注
1	PVC 阀	检查 PVC 阀	用手按捏几次 PVC 阀软管，应无明显噪声	
2	发动机冷却系统	检查散热器是否有制动液渗漏	散热器无渗漏	
		检查橡胶软管是否有制动液渗漏	橡胶软管无渗漏	
		检查软管夹周围是否有制动液渗漏	软管夹周围无渗漏	
		检查散热器盖是否有制动液渗漏	散热器盖无渗漏	
		检查橡胶软管是否有裂纹、凸起或硬化	橡胶软管无裂纹、凸起或硬化	
		检查橡胶软管连接处是否松动	橡胶软管连接处无松动	
		检查管箍是否松动	管箍无松动	

表 5-3　发动机暖机后（和运行）的检查工作表

序号	检查部位	检查项目	技术要求	备注
1	空调	检查制冷剂的量	从观察窗中观察制冷剂，应透明、不混浊、无气泡、平稳流动，当提高或降低发动机转速时，会出现少量气泡	
		检查制冷剂的渗漏情况	用仪器检查，无渗漏	
2	自动变速器	自动变速器油	冷机检查时，液位在标尺上的刻度 COOL（冷）的范围内。热机检查时，液位必须处于 HOT（热）的范围内	
3	动力转向液	测量液位	液位在规定的刻度范围之内。目测检查动力转向液储液罐外围及相关管路，应无渗漏	
4	机油	检查机油液位（不必预热，按照当时温度）	机油液位处于机油标尺规定的范围内	
5	燃油滤清器	燃油滤清器	定期检查或更换	

💡 素养与思政

本任务要求分组训练，各小组对所学的理论知识进行巩固学习，在车辆维修过程中要讲诚信，拒绝虚假维修，了解公民的价值准则；在操作过程中要工作严谨，态度认真，全程实现 7S 现场管理。

从事汽车维修工作时间长了就容易忘了一件事，那就是汽车维修车间存在很多潜在的安全隐患。例如，举升前后位置不对称、车头大部分悬空造成车辆翻转，忘记落入保险位置，左右支撑位置偏置，举升机本身有问题等。所以在举升车辆时，一定要按照规范的操作流程来工作，以达到消除潜在的安全隐患的目的。请大家对照流程讨论一下：图 5-27 中车辆掉落的原因分别是什么？我们在操作过程中应注意哪些问题？

图 5-27　车辆掉落

一、选择题

1. 冷却液的冰点一般为（　　）。

A. −68～−15℃   B. −10～−5℃

C. 5～30℃   D. −20～−10℃

2. 冷却液的更换周期一般为每（　　）年或每行驶 60000 km 时更换一次。

A. 1   B. 2   C. 3   D. 5

3. 德系车车轮使用的主要是 17mm、19mm 的螺杆，其扭矩大多为（　　）N·m。

A. 80～100   B. 100～150   C. 120～180   D. 150～200

二、判断题

1. PCV 阀是一个双向阀，气从气缸侧吹入时可以穿过；气从进气室侧吹入时不能穿过。（　　）

2. 根据蓄电池上的观察口看见的颜色不能判断蓄电池的好坏。（　　）

3. 汽车制冷装置的主要作用是降低车厢内的温度，使乘客和驾驶员感到凉爽，适用于炎热季节。（　　）

4. 如果 PCV 阀堵塞，窜气就不能够被吸入进气歧管，而是直接排放到大气中。（　　）

5. 若火花塞两电极的间隙过小，则不能充分施放高压电，致使其点燃可燃混合气体的热量不够，造成燃油燃烧不充分，使发动机功率明显下降。（　　）

三、问答题

简述冷却液冰点检查的步骤。

　　吴老师开着他的轿车去 4S 店，和售后服务人员说："我的汽车从购买到现在已经行驶了 60000km，现在汽车有点动力不足，在行驶过程中明显感觉汽车行驶无力；和平时相比，汽车的燃油消耗变得更多了。请帮我检查一下，顺便帮我换个空调滤清器。"

一、问诊

根据客户需求，按要求填写车辆检查问诊单（见表 5-4）。

表 5-4　车辆检查问诊单

客户姓名		车牌		
客户电话		车型		
维修人员		车架号		
预计交车时间		行驶里程		燃油表显示
外观确认 □ 划伤 ○ 擦伤 ◎ 碰伤 ◇ 凹陷 △ 脱落		仪表故障信息： 其他：		
客户需求	走保（磨合期检查）			
	5000km 保养			
	_____km 保养			
维护与保养项目				
维护与保养项目已确认，并已将现金及贵重物品从车内取走				
客户签字		维修人员签字		

二、任务分配

教师将学生分成若干小组，每组 6 人，每组选出一名组长，组长负责对组员进行任务分配，组员按照组长的要求完成相应的任务，并将所完成的任务内容填入表 5-5。

表 5-5　个人任务工作表

序号	任务描述	个人任务	完成情况	教师或组长检验结果
1	吴老师开车去 4S 店，和售后服务人员说："我的汽车从购买到现在已经行驶了 60000km，现在汽车有点动力不足，在行驶过程中明显感觉汽车行驶无力；和平时相比，汽车的燃油消耗变得更多了。请帮我检查一下，顺便帮我换个空调滤清器。"请根据所学知识制定维修方案，并根据维修方案对车辆进行维护与保养			
2				
3				
4				
5				
6				

三、制定维修方案并实施

根据客户需求（或汽车行驶里程）制定维修方案并实施，按要求填写表 5-6。

表 5-6　任务单

序号	项目	检查内容	技术标准（要点）	检查结果
1	空调	空气滤清器检查	拆下空气滤清器的滤芯，检查是否需要清洁或更换，若需清洁空气滤清器的滤芯，应在车辆外实施，操作方法是从空气滤清器滤芯的发动机侧吹入压缩空气并清除空气滤清器盖内的污物	
2	火花塞	型号检查	型号与该车型匹配	
		电极磨损检查	电极应无损坏	
		两电极的间隙检查	两电极的间隙应在规定值内	
		损坏检查	火花塞金属壳体、陶瓷应无崩裂等损坏	
		更换火花塞	按规定的力矩扭紧螺栓	
3	复检	发动机	启动发动机，检查加速情况	

四、任务评价

根据表 5-7 中的评价内容进行自我评价、相互评价、教师评价，并填写表 5-7。

表 5-7　任务评价表

评价内容		自我评价（打分）	相互评价（打分）	教师评价（打分）
信息收集（15 分）	任务或问题的理解程度（5 分）			
	收集信息的完整性（5 分）			
	对信息的领会程度（5 分）			

汽车维护与保养 一体化教材

续表

评价内容		自我评价（打分）	相互评价（打分）	教师评价（打分）
制定维修方案（20分）	维修方案制定的参与程度（10分）			
	维修方案的合理性及实用性（10分）			
修改维修方案（15分）	和教师讨论维修方案（5分）			
	和教师讨论后，是否知道如何改进维修方案（5分）			
	修改后的维修方案的完整性（5分）			
实施（20分）	是否按维修方案实施操作（5分）			
	是否亲自实施维修方案（5分）			
	是否记录工作过程及结果（10分）			
检查（15分）	是否按维修方案的要求完成任务（5分）			
	是否达到预期目标（5分）			
	整个工作流程是否与标准流程相符（5分）			
评价（15分）	是否完成了任务或解决了问题（5分）			
	在哪个环节上可以改进（2分）			
	学习小组的合作情况（3分）			
	7S现场管理及工作纪律（5分）			
总评（100分）				

项目六

终检（出厂前检查）

项目描述

　　赵老师买的车在保养工位上经过一个多小时的维护与保养后，维修人员把车开到了待交车区域，只见一名负责质量检验的技师过来对车重新做了一次检查，然后开车到外面转了一圈就回来了。本项目主要介绍整车维护与保养结束后质量检验技师所要做的最终检查项目。

任务　终检

 知识目标

1. 能说出终检的主要工作内容。
2. 能说出路试的项目。

 能力目标

能通过路试发现常见的故障。

 思政目标

1. 通过对车辆终检知识的学习，培养学生严谨细致的工匠精神。
2. 通过小组合作学习，培养学生爱岗敬业、团结互助的价值观。

任务引入

汽车的维护与保养项目有一百多项，汽车停在保养工位后，维修人员根据工作过程中工作任务的内容及工作便利程度，将维护与保养项目的工作内容完成后交给下一道工序。为了确保汽车各项性能都安全可靠，在将车辆交给客户前必须进行一次检查，若有必要，还要进行路试。

相关知识

在汽车维护与保养完成后，交车给车主之前，质量检验人员务必对经过维护与保养的车辆进行终检。为了提高工作效率、缩短走动距离、减少走动次数、减少不合理的工作位置点、降低升降车辆的次数、全方位进行系统检查，我们主要将整车分成发动机舱、车内和汽车底盘三部分进行终检。终检的主要内容是零部件是否安装到位、维修与保养后的扭力是否达到规定值、油液量是否添加正常、油液是否存在渗漏、各系统的功能是否正常等。

一、终检的作用

终检是指在定期维护与保养过程中，有些零部件已更换，需对这些更换了的零部件进行进一步的检查，以确保更换后的零部件能正常工作，从而保证车辆的行驶安全。

二、终检的主要工作内容

（1）机油液位检查。

（2）制动液液位检查。

（3）其他更换件检查。

三、终检的方法和技术要求

检查在维护与保养过程中所更换的零部件是否已紧固和油液渗漏情况，如排放塞、机油滤清器需用扭力扳手以一定扭矩检查是否已拧紧。终检工作表如表 6-1 所示，终检的方法及技术要求参照维护与保养过程中相同的项目。

表 6-1　终检工作表

序号	检查项目	作业说明
1	制动液液位	制动液液位在规定的位置
2	冷却液液位	冷却液液位在规定的位置
3	机油液位	机油液位在规定的位置
4	机油加注口盖	机油加注口盖紧固、无松动
5	发动机舱	无遗忘的工具、抹布等物品
6	发动机舱盖（引擎盖）	处于锁止状态
7	车门	前门、后门处于锁止状态
8	组合仪表	组合仪表内无警告灯点亮
9	行李舱（背门）	行李舱（背门）处于锁止状态
10	车轮螺母	再次检查车轮螺母的紧固状态
11	放油螺栓、机油滤清器	再次检查放油螺栓、机油滤清器的紧固状态
12	其他更换件	检查其他更换件的紧固状态
13	恢复、清洁	拆卸翼子板布和前格栅布，关闭发动机舱盖，确认收音机时钟，调整座椅位置，清洁车厢内部的烟灰缸等零部件，拆下座椅套、方向盘罩、地毯垫、换挡杆套并进行清洗，清洁车辆外部

四、路试（选做）

1. 路试的作用

完成了汽车的定期维护与保养后，由于某些零部件已更换或某些机构做了调整，为了

保证汽车的稳定性、安全性，必须对汽车进行路试，对汽车的制动系统、离合器系统、转向系统、自动驱动桥系统等装置做性能检查，如汽车动力性能检测、汽车经济性能检测、汽车制动性能检测、汽车平顺性能检测和汽车操纵稳定性检测等。汽车制动性能检测是指对在定期维护与保养中进行拆卸、检查、安装和调整的制动系统做汽车行驶检测，以确保汽车制动性能的正常发挥。

2．路试的工作内容

（1）检查行车制动系统。

（2）检查驻车制动系统。

（3）检查自动变速器系统。

（4）检查转向系统。

（5）检查其他装置。

3．路试的方法和技术要求

（1）行车制动系统检查的方法和技术要求。

制动装置必须保证在车辆正常使用的条件下，能控制车辆的行驶，且使车辆安全、迅速、有效地停住，行车制动必须是可控制的，必须保证驾驶员在其座位上双手无须离开方向盘就能实现制动。另外，还需检查以下内容。

① 根据施加在制动踏板上的力检查制动功能和车辆是否跑偏。

② 检查制动踏板是否有尖叫声。

③ 检查制动踏板是否有足够的行程余量。

④ 检查有无类似振动或制动踏板松软的异常现象。

⑤ 检查在松开制动踏板时是否有起步发抖现象。

（2）驻车制动系统检查的方法和技术要求。

驻车制动系统必须能通过纯机械装置把工作部件锁住，使车辆停驻在上坡或下坡的地方，即使驾驶员离开也如此，需确保驾驶员在其座位上就可实现驻车制动。

在有一定斜度的斜坡上，仅使用驻车制动系统时，车辆应该能够停留在斜坡上，如图 6-1 所示。

图 6-1 车辆停留在斜坡上

（3）自动变速器系统检查的方法和技术要求。

自动变速器能自动操纵汽车起步和换挡等。它具有无级变速、无级变扭、换挡时不中断动力传递等特点。自动变速器的结构复杂，任何零部件出现故障，都会影响汽车的正常工作。检查自动变速器系统主要是指进一步检查自动变速器系统的使用性能和换挡性能，尤其是升挡和降挡时的换挡冲击、振动、噪声和打滑等方面的情况。

检查 D 挡、R 挡、S 挡的工作情况和 D 挡的升降规律，如图 6-2 所示。

① 检查当汽车换挡杆在 D 挡、R 挡、S 挡时，汽车是否能正常起步和行驶。

② 检查当汽车在 S 挡和 D 挡行驶时，自动变速器是否能自动切换高挡和低挡。

③ 检查在正常驾驶、齿轮变换、起步时，是否有振动、冲击或打滑现象。

④ 检查在正常驾驶、齿轮变换、起步时，是否有异常噪声。

图 6-2　自动变速器系统检查

（4）转向系统检查的方法和技术要求。

汽车转向系统技术状况的好坏对汽车的行驶安全有着重要的影响。检查转向系统的行驶直线性，转向以后应有回正力矩，转向灵敏，操纵稳定、不摆振。

在路试时，检查以下几点。

① 当车轮笔直向前时，方向盘应在适当位置，如图 6-3 所示。

② 方向盘不偏向一侧，如图 6-4 所示。

③ 方向盘应该没有异常噪声和起步发抖现象（见图 6-5），转向操作方便并能自然回位到初始位置。

④ 转向时不发飘、不摇振、不颤振等，方向盘发飘、颤振如图 6-6 所示。

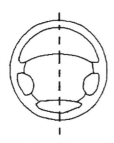

图 6-3　方向盘位置　　　　　　　　　图 6-4　方向盘不偏向一侧

图6-5　方向盘抖动

图6-6　方向盘发飘、颤振

（5）其他装置检查的方法和技术要求。

路试时，除检查制动系统、转向系统外，还应检测发动机、汽车底盘和车身等方面是否存在不正常现象。

路试时，检查在车辆行驶过程中发动机、传动链、悬架系统、车身有无振动和不正常噪声，如图6-7所示。

图6-7　其他装置检查

路试的工作表如表6-2所示。

表6-2　路试的工作表

序号	检查部位	检查项目	技术要求	检查结果
1	行车制动系统	制动功能和两侧拉力	制动功能应良好	
		制动踏板有无噪声	制动踏板应无尖叫声	
		制动踏板的行程余量	制动踏板应有足够的行程余量	
		有无振动或制动踏板松软现象	应无振动或踏板松软的异常现象	
		松开制动踏板时有无起步发抖现象	应无起步发抖现象	
2	驻车制动系统	驻车效能	仅使用驻车制动器时，车辆应能够停留在斜坡上	
3	转向系统	转向系统效能	当车轮笔直向前时方向盘应在适当位置	
		有无侧偏与能否自动回位	车辆应无侧偏且方向盘能自动回位	
		有无发飘、摇振、颤振等	应不发飘、不摇振、不颤振等	

续表

序号	检查部位	检查项目	技术要求	检查结果
4	自动变速器系统	自动切换高挡和低挡效能	自动变速器应能自动切换高挡和低挡	
		有无振动、冲击或打滑现象	应没有振动、冲击或打滑现象	
		有无异常噪声	应没有异常噪声	
5	其他装置	发动机	应无振动和不正常噪声	
		传动链		
		悬架系统		
		车身		

任务实施

根据表6-3中的技术要求完成终检。

表6-3 终检项目工作表

序号	检查项目	技术要求	检查结果
1	制动液液位	制动液液位在规定的位置	
2	冷却液液位	冷却液液位在规定的位置	
3	机油液位	机油液位在规定的位置	
4	机油加注口盖	机油加注口盖紧固、无松动	
5	发动机舱	无遗忘的工具、抹布等物品	
6	发动机舱盖（引擎盖）	处于锁止状态	
7	车门	前门、后门处于锁止状态	
8	组合仪表	组合仪表内无警告灯点亮	
9	行李舱（背门）	行李舱（背门）处于锁止状态	
10	车轮螺母	再次检查车轮螺母的紧固状态	
11	放油螺栓、机油滤清器	再次检查放油螺栓、机油滤清器的紧固状态	
12	其他更换件	检查其他更换件的紧固状态	

素养与思政

本任务要求分组训练，各小组对所学的理论知识进行巩固学习，在车辆维修过程中要讲诚信，拒绝虚假维修，了解工匠精神的含义；在操作过程中要工作严谨，态度认真，全程实现7S现场管理。

高凤林，中国航天科技集团公司的一名资深焊接专家。他专注于火箭发动机喷管的焊接工作，几十年如一日，面对高温和艰苦的环境，他始终坚守岗位，甚至双手被烤出水泡也毫不退缩，焊接的最薄板材是0.08mm。尽管有人曾以高薪和两套住房作为诱惑想要将其挖走，但他更看重的是自己的工作能为国家带来的荣誉和民族自豪感。高凤林对待每一

143

件作品都如同艺术家对待艺术品，充满了热爱和敬意。他的精湛技艺和卓越贡献使他多次获得国家级和行业内的荣誉，成为年轻技术工人的楷模。

拓展练习

一、选择题

1. 手动变速器油更换作业结束后应进行（　　）检查。

A. 液位　　　　　B. 油质　　　　　C. 渗漏油　　　　　D. 试车

2. 发动机排量为 1.6L 的车辆需要加注（　　）L 机油。

A. 3　　　　　B. 3.5　　　　　C. 4　　　　　D. 4.5

3. 机油的更换周期为（　　）。

A. 15000km

C. 10000km

B. 7500km

D. 5000～10000km，视不同车型而定

4. 加注自动变速器油时，其液位应在（　　）。

A. COOL（冷）刻度线以下

C. COOL（冷）、HOT（热）刻度线之间

B. HOT（热）刻度线以上

D. 没有位置限定

二、判断题

1. 在车主未在维修工单上签字的情况下，可以直接对车辆进行维修作业。（　　）

2. 为了使旧变速器油释放得更加彻底，释放旧变速器油应在 HOT（热）状态下进行。（　　）

3. 发动机加注的机油以厂家规定型号为准。（　　）

4. 更换机油时，应更换放油螺栓密封垫。（　　）

5. 完成了汽车的定期维护与保养后，虽然某些零部件已更换或某些机构已做了调整，但不一定需要对汽车进行路试。（　　）

三、问答题

路试需要检查哪些项目？

综合技能训练

吴老师开车去 4S 店，和售后服务人员说："我的汽车从购买到现在已经行驶了40000km，现在想做一次全面的保养，请帮我安排一下。"

一、问诊

根据客户需求，按要求填写车辆检查问诊单（见表6-4）。

表6-4 车辆检查问诊单

客户姓名		车牌		
客户电话		车型		
维修人员		车架号		
预计交车时间		行驶里程		燃油表显示
外观确认 □ 划伤 ○ 擦伤 ◎ 碰伤 ◇ 凹陷 △ 脱落		仪表故障信息： 其他：		
客户需求	走保（磨合期检查） 5000km 保养 _____km 保养 			
维护与保养项目				
维护与保养项目已确认，并已将现金及贵重物品从车内取走				
客户签字		维修人员签字		

汽车维护与保养　一体化教材

二、任务分配

教师将学生分成若干小组，每组 6 人，每组选出一名组长，组长负责对组员进行任务分配，组员按照组长的要求完成相应的任务，并将所完成的任务内容填入表 6-5。

表 6-5　个人任务工作表

序号	任务描述	个人任务	完成情况	教师或组长检验结果
1	吴老师开车去 4S 店，和售后服务人员说："我的汽车从购买到现在已经行驶了 40000km，现在想做一次全面的保养，请帮我安排一下。"请根据所学知识制定维修方案，并根据维修方案对车辆进行维护与保养			
2				
3				
4				
5				
6				

三、制定维修方案并实施

根据客户需求（或汽车行驶里程）制定维修方案并实施，按要求填写表 6-6。

表 6-6　40000km 维护作业表

车辆状态	序号	维护作业项目		备注
		维修人员 A	维修人员 B	
举升水平位置	1	车辆进入保养工位	作业前的准备	
	2	确认维修工单项目	确认维修工单项目，检查机油及冷却液	
	3	按照维修人员 B 的手势打开灯光并检查仪表盘上的指示灯是否正确，刮水器是否刮得干净，喇叭音质是否正常	给维修人员 A 做出打开灯光、刮水器、喇叭的手势并检查灯光是否正常点亮，灯光的外组件安装是否牢固，是否损坏或有嵌入物	
	4	打开空调，确认制冷效果、检查空调吹风模式	安装翼子板布，检查空调压缩机的工作情况	
	5	检查化妆灯、地图灯、顶灯、天窗、驻车制动器、换挡杆	检查发动机的运转状况及工作噪声	
	6	检查方向盘的自由行程、制动踏板的高度及自由行程、制动真空助力泵的气密性	检查制动液是否有渗漏、各连接管的安装是否牢固	
	7	检查座椅的调节功能、安全带	检查发动机舱内冷却风扇的运转是否正常，冷却液是否有渗漏	
	8	检查左前车门的铰链、门锁及玻璃升降功能	检查发动机燃油管路的安装是否牢固，是否有渗漏	
	9	检查左后车门的铰链、玻璃升降功能、门锁，以及座椅、安全带、油箱盖	检查发动机舱各连接件的安装情况	

续表

车辆状态	序号	维护作业项目		备注
		维修人员 A	维修人员 B	
	10	检查行李舱铰链、门锁及备胎	准备好轮胎架	
	11	检查右后车门的铰链、玻璃升降功能、门锁，以及座椅、安全带	根据维修工单到配件库领取作业材料	
	12	检查右前车门的铰链、门锁、玻璃升降功能，以及座椅、安全带，拆卸空调滤清器和空气滤清器	举升车辆前的准备	
举升中位	13	检查左前、左后轮轴承是否松动，连接球头是否松动，减振器是否渗漏油液，转动轮胎，检查制动是否有拖滞	检查右前、右后轮轴承是否松动，连接球头是否松动，减振器是否渗漏油液，转动轮胎，检查制动是否有拖滞	
	14	拆卸轮胎	拆卸轮胎，检查轮胎气压	
	15	检查轮胎是否有金属嵌入物，是否老化、开裂，是否有异常磨损，是否变形，轮胎花纹的深度是否正常，轮毂是否腐蚀、变形	检查轮胎是否有金属嵌入物，是否老化、开裂，是否有异常磨损，是否变形，轮胎花纹的深度是否正常，轮毂是否腐蚀、变形	
	16	检查制动器摩擦片的厚度及磨损情况，检查制动盘的厚度及磨损程度	检查制动器摩擦片的厚度及磨损情况，检查制动盘的厚度及磨损程度	
举升高位	17	沿"左前—左后—右后—右前"的顺序对底盘进行全面检查，查看是否有松动、油液渗漏、损伤变形等现象，底盘护板是否损坏，排气管的连接是否牢固	排放机油，更换机油滤清器，清洁空调滤清器和空气滤清器	
举升水平位置	18	安装空调滤清器	加注机油	
	19	更换制动液	安装空气滤清器，添加清洁液，检查蓄电池静态电压	
	20	对右后轮、左后轮、左前轮、右前轮逐个更换制动液	填写维修工单	
	21	与维修人员 B 配合重新手工排一次制动液	启动发动机，踩下制动踏板，与维修人员 A 配合重新手工排一次制动液	
举升中位	22	安装轮胎	安装轮胎	
举升高位	23	再次质检，检查各零部件的安装是否良好，是否有油液渗漏	再次质检，检查各零部件的安装是否良好，是否有油液渗漏	
举升水平位置	24	将车轮螺母上紧到标准扭矩	填写维修工单	
	25	检查机油液位、制动液液位	检查车辆	

四、任务评价

根据表 6-7 中的评价内容进行自我评价、相互评价、教师评价，并填写表 6-7。

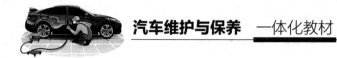

汽车维护与保养　一体化教材

表6-7　任务评价表

评价内容		自我评价（打分）	相互评价（打分）	教师评价（打分）
信息收集（15分）	任务或问题的理解程度（5分）			
	收集信息的完整性（5分）			
	对信息的领会程度（5分）			
制定维修方案（20分）	维修方案制定的参与程度（10分）			
	维修方案的合理性及实用性（10分）			
修改维修方案（15分）	和教师讨论维修方案（5分）			
	和教师讨论后，是否知道如何改进维修方案（5分）			
	修改后的维修方案的完整性（5分）			
实施（20分）	是否按维修方案实施操作（5分）			
	是否亲自实施维修方案（5分）			
	是否记录实施过程及结果（10分）			
检查（15分）	是否按维修方案的要求完成任务（5分）			
	是否达到预期目标（5分）			
	整个实施流程是否与标准流程相符（5分）			
评价（15分）	是否完成了任务或解决了问题（5分）			
	在哪个环节上可以改进（2分）			
	学习小组的合作情况（3分）			
	7S现场管理及工作纪律（5分）			
总评（100分）				

反侵权盗版声明